建築フィールドワークの系譜

先駆的研究室の方法論を探る　　　　日本建築学会 編

Genealogy of Fieldwork in Architecture

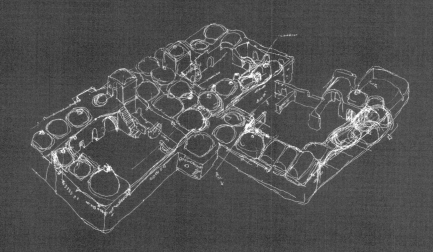

昭和堂

まえがき

　本書は、2012年に刊行された書籍、日本建築学会編『フィールドに出かけよう！——住まいと暮らしのフィールドワーク』（風響社）の続編にあたる。しかし、続編とはいっても、その内容は前書とはずいぶん異なる。前書は、フィールドワークの多岐にわたる方法や考え方について、それぞれの分野の専門家が刊行時までの活動を中心に述べたものだった。建築学のフィールドワークに必須の実測や写真撮影、村落図の描き方からフィールドでのエチケットまで含んだ、かなり実践的な書籍だった。初学者はもちろんのこと、フィールドワークをこれから始めてみたいという学生や研究者が実際にフィールドで参照できるように、軽量かつコンパクトであることを目指していた。それに対して、本書は、建築学におけるフィールドワークの実際を、あるフィールドで研究者が書いたフィールドノートや描いたスケッチ、実測図などを通して明らかにしようとする。一見とらえどころのないフィールドワークの過去から現在までの見取り図を、専門家たちのこれまでの活動から描き出そう、というのがこの書籍の基本的なコンセプトである。

　建築を習得する過程には、スケッチや実測が含まれている。実際の建築物は最良の教科書であるし、机上の訓練や座学の授業をどれだけこなしたとしても、建築の腕前は必ずしも上達しない。だから、多くの建築学生は、いまだに実際の建物を見学し、体験し、スケッチをしたり、ときには触って質感を確かめたりしようとする。加えて、研究者のレベルになると、デザイン・サーヴェイはもとより、もともとは人類学の主要な方法論であったフィールドワークを援用しながら、実在の建築物が置かれた共同体で調査を行い、建築のことや、建築の背後にある社会、建築を取り巻く文化のことを知ろうとする。

　建築学のフィールドワークの歴史は相当に古くから始まるが、それらの先駆的活動やその系譜、それらが何を生み出し、どのように他者（学生）に伝えられたのかということに関しては、体系的に整理されることはなかった。

　本書は、このような問題意識に立ち、フィールドワークの専門家やその教え子にあたる研究者、実務家たちに、どのような考えでフィールドでの活動を始めたのか、フィールドでは何を、どのような方法で明らかにしようとしたのか、学生たちに何をどのように伝えてきたのか、といったことを実際に語ってもらった記録である。

　世界は日々、変化しており、私たちが生きる社会もつねに変化している。その社会に置かれる建築物も驚くべき速さで変わってゆく。最新の技術を使い最新のデザインであった建物も、１年も経てば消費され、ややもすると陳腐なものに変わってしまう。こうした時代にあって、それでもフィールドワークに向かうことには一定の意義があると、私たちは考える。

　前書でも述べたように、フィールドワークは基本的には名人芸に近い。フィールドワークに実体があるとしても、それを構成する要素の多くは文字や言葉では伝えられない。建物をスケッチしたり実測したりする教科書的な方法はどうやら存在するが、現実には、どこまでの精度で、どのようなタッチで、何を表現しようとするかは、ひとりのフィールドワーカーの思惑次第である。「インタビューで聞くべき項目」については、おそらく定式化することは可能だ。ただし、それを聞くときの話の切り出し方や話法までは、口でいくら説明しても伝えられないだろう。

　フィールドワークは、定式化されたとしても、その場の状況や個人の感性でいくらでも変化しうるという、およそ不思議な方法論である。その意味で、フィールドワークは現実と対話する優れた方法論である。フィールドワークは、時代を超えて次の世代に受け継がれてきたが、建築を生み出す営みにとって現実との対話が重要であることを知る学生がいる限り、これからも伝え続けられるだろう。

本書は、建築を学ぶ学生や研究者、また、建築に興味のある異分野の研究者にとっても、大きなインパクトがあると思う。フィールドワークの内実はブラックボックスであり、私たちが誰かのフィールドワークについて知ることができるのは、通常はアウトプットされたものからだけである。この書籍は、そのブラックボックスの蓋を、無理をお願いして開けてもらったものだ。この貴重な、おそらく世界で初めての試みは、建築の未来に向けて大きな意味を持つことになると確信している。

日本建築学会　建築計画委員会
比較居住文化小委員会

目　次

iii　　　まえがき

序　方法論としてのフィールドワーク

3　　A　建築における臨床の知

8　　B　建築フィールドワークの系譜図

I　居住空間の原理を探る

12　　1　住居集合論　東京大学 原研究室　原　広司

20　　2　デザイン・サーヴェイと設計　東京工業大学 茶谷研究室→八木研究室　八木幸二

28　　3　日本の住宅と住宅地を変えるために　千葉大学 服部研究室　服部岑生

34　　4　半透明空間研究と高密度高複合都市研究　早稲田大学 古谷研究室　古谷誠章

II　集落世界をあぶり出す

44　　5　集まって住む　芝浦工業大学 畑研究室　畑　聰一

52　　6　住まいの伝統技術　筑波大学 安藤研究室　安藤邦廣

III　都市に生きる人々の暮らしを捉える

60　　7　地域に世界を読む　東洋大学・京都大学・滋賀県立大学・日本大学 布野研究室　布野修司

68　　8　住まいをめぐる価値の研究と実践　京都大学 巽研究室→髙田研究室　髙田光雄

76　　9　日常性、ふるまい、ネットワーク　東京工業大学 塚本研究室／アトリエ・ワン　塚本由晴

IV　都市に堆積した時間を紐解く

86　　10　都市の歴史を掘り下げる　法政大学 陣内研究室　陣内秀信

94　　11　全球都市の分析手法を開発する　東京大学 村松研究室　村松　伸

V　居住文化から建築を読み解く

104　　12　アジアへの視線　北海道工業大学(現 北海道科学大学)・学習院女子大学 乾研究室　乾　尚彦

112　　13　屋根裏のコスモロジー　国立民族学博物館 民族社会研究部　佐藤浩司

120　　14　民族建築その後　公立鳥取環境大学 浅川研究室　浅川滋男

128　column1　デザイン・サーベイというフィールドワーク　法政大学 宮脇ゼミナール　宮脇　檀

130　column2　農村住宅の建築計画学的研究　大阪市立大学 持田研究室　持田照夫

132　索　引

本書作成関係委員 (2018年9月現在、五十音順・敬称略)

建築計画委員会

委員長	広田直行
幹　事	池添昌幸　　　　栗原伸治　　　　清家　剛
	西野辰哉　　　　橋本都子
委　員	（省略）

住宅計画運営委員会

主　査	清水郁郎
幹　事	大月敏雄　　　　栗原伸治
委　員	（省略）

比較居住文化小委員会

主　査	前田昌弘
幹　事	栗原伸治　　　　本間健太郎
委　員	ホルヘ アルマザン　稲垣淳哉　　　　上北恭史
	内海佐和子　　　　北原玲子　　　　小林広英
	サキャ ラタ　　　　清水郁郎　　　　高田　静
	那須　聖　　　　　濱　定史　　　　山田協太

執筆担当

序A	清水郁郎
B	北原玲子
系譜図	サキャ ラタ
1	本間健太郎
2	那須　聖
3	鈴木雅之
4	稲垣淳哉
5	清水郁郎
6	濱　定史
7	山田協太
8	前田昌弘
9	那須　聖
10	稲益祐太
11	林　憲吾　　　　谷川竜一　　　　三村　豊
12	栗原伸治
13	上北恭史
14	清水拓生　　　　宮本正崇　　　　岡垣頼和
Column1	内海佐和子
Column2	岡田知子

序 方法論としてのフィールドワーク

A　建築における臨床の知

フィールドワークの有効性とはなにか[1]

　地球上のどこにいても他の地域の情報をかなり高い精度で知ることができるようになった現代。ヴァーチャルな世界の進歩は、人々にかつてない利便性をもたらしてくれた。そんな時代に生きる私たちにとって、実際の建築物がある場所に行き、その建築物を調べ、そこに生きる人たちと対話をするフィールドワークは、いまなお有効である。そればかりか、こうした時代にあって、そのかけがえのない大切さは、ますます際立っているように思える。

　このような考えに立ち、実際に長い間フィールドで活動をしてきた人たち、この分野の最前線を切り開いてきた人たち、あるいはそうした人たちのもとで建築を学び、現在も独自のフィールドワークを続けている人たちの活動の軌跡から、フィールドワークの有効性を伝えようというのが、本書を刊行する理由である。

　しかし、そうはいっても、フィールドワークの有効性なるものが曖昧なままでは、自己満足との誹りを受けるに違いない。ここでは、建築のフィールドワークを行うことのメリットは何か、フィールドワークの知は建築学を構成する他の知と何がどう違うのか、ということについて考えてみる。[2]

フィールドワークの認識論

　はじめに、本書で使うフィールドワークという言葉を定義しておこう。建築の世界には、「現場作業」全般をフィールドワークと呼ぶ向きがある。しかし、私たちが本書で使うフィールドワークという言葉が指示するものは、単なる現場作業、たとえば設計の前段階で敷地を実見しに行くとか、建設現場で何ごとかの作業に従事するとか、あるいはどこかの野外で建築を見学するとかのことではない。

　現場での作業は文字通り、フィールドでのワークな

ので、フィールドワークと呼ぼうと思えば呼べる。それらを批判するつもりはないが、本書でいう建築のフィールドワークとは、建築の知的営みのための実践であり、かつ居住文化も含む異文化との相応に深い接触を伴い、それゆえに異文化理解を多かれ少なかれ含むものである。そして異文化理解とは、もちろん自文化中心主義ではなく、文化相対主義[3]に根ざす。自己のものではない文化を理解しようとするために、ある程度長い時間をフィールドでそこに生きる人々と共有することもある。[4]近年は、建築学を構成する多様な分野で、海外の建築を対象とした「フィールドワーク」と呼ばれるものが当たり前に行われるようになった。それは、建築という学問の発展に大きく寄与することだろう。一方で、当事者の研究者なり学生なりが文化相対主義的なセンスを持っているか、自分たちの活動が異文化理解を基礎とするものだという認識を持っているかといえば、悲しむべきことだが、そうではないことも多い。

　このように書くと、フィールドワークの可能性を縮小してしまわないかと批判されるかもしれない。しかし、私たちは、なんでもかんでもをフィールドワークと呼ぶことはない。近年の大学などにおける建築教育では——建築に限らないことではあるが——座学のみではなく、実践的な課題や演習を通して知識やスキルを身につけさせようとする発想が強まっている。[5]そうした現場では、フィールドワークが安易に使われる傾向にある。実体社会との関わりを強く想起させるこの言葉は、かなり気軽に利用されていることは疑いようがない。もちろん、フィールドワークをしっかりと実践している授業も多いが、文部科学省的、教条的要求に表面上応えようとしているに過ぎない活動までをフィールドワークと呼んでしまえば、フィールドワークそのものはたちまち消費されてしまうだろう。

　フィールドワークは、建築にオリジナルのものでは

ない。文化人類学をはじめとする人類学や民族学が長い時間をかけて洗練させてきた方法論かつ知的姿勢であり、現在でも、それらを他の学問分野と区別するための最も重要な指標でさえある。[6]そこでのフィールドワークは、素朴に現場に出ることを意味しているわけではない。

フィールドワークには、独特の認識論的側面があり、それが前著『フィールドに出かけよう！──住まいと暮らしのフィールドワーク』（日本建築学会編、風響社、2012）でも触れた自己批判的、自文化批判的な姿勢である。[7]「自分が慣れ親しみ、疑問をさしはさむことのない空間の様態。そこにあることを自明として受け入れている住まいや私たちの暮らし。そうしたものをいったん括弧に入れ、自明であることをあえて問い直す」（同18頁）。要は、異文化を鏡のようにして自己を写し、自文化のありようを批判的に捉えることだが、そのために必要な手続きが、自文化のなかで長年にわたって培われ、刷り込まれたものの見方、考え方、認識の仕方を自明なものとしないということである。建築でいえば、対面する居住文化を通して自身の居住文化を再考してみることになる。「今まで当たり前に見ていたもの、感じていたものが、少しだけ窮屈になったり、違和感を覚えたり、もっとよい方法があるのではないかと考えたりするようになるかもしれない」（同18頁）のである。じつは、フィールドワークの背後には、言葉で書くとたやすいが、実際に行おうとするとかなり難しいこのような考え方が含まれている。そして、難しいことは確かだが、それが達成されたときには、新しい見方や考え方で建築を見ることができるようになるはずだ。

臨床の知

さて、このようなフィールドワークは建築にとってどのような意味を持つのだろうか。ここでは、建築の営みからこの問題を考えてみよう。

私が職場で初学者の1年生によくすすめる言葉に「眼を養い、手を練る」というものがある。製図や設計を学ぶ際の基本的な心得を説いた、宮脇塾を率いた宮脇檀の言葉だが、[8]これは設計に限らない、建築を学ぶこと全体の本質を突いた言葉であると思う。

実社会に置かれた建築を対象とし、それを利用し、

そこに生きる人々の間で行われるフィールドワークは、「眼を養い、手を練る」ための格好の機会である。眼を養うために、フィールドワークでは、よい建築に加え、よくない建築とも対面することになるだろう。また、機能性や合理性という近代の手法が普遍的でないことや、人が快適性を追求するだけではないことを目の当たりにする可能性すらある。そうした経験が自明性を問うことにつながり、自身の建築や居住文化を再考するきっかけになるかもしれない。またフィールドは、自分が身につけた知識やスキルがどのように役立つか、あるいは役立たないかを検証する機会でもある。そのような意味で、フィールドワークは「臨床の知」だといえるだろう。フィールドでつねに自分自身の建築的知やスキルを検証し、新たな発見を志すこと。それがフィールドワークの本質である。

現実との対話

自身の持つ認識論的枠組みの相対化を図るフィールドワークだが、フィールドと自身の生きる社会をダイレクトに結びつけることは、それほど簡単ではない。しかし本書では、フィールドワークを研究者個々人の内的世界に閉じないで共有化を図り、フィールドワークの新たなあり方を提示することができると考えている。フィールドワークの経験やそこで得られた知見を活かして、どのように建築物や空間、ものの創造に到達したかという道筋のさまざまな実例を提示する。フィールドワークを、建築や都市の創造的発展に寄与しうる方法論と位置づけ、その具体的な成果を示すのである。

私たちが行うフィールドワークは、今そこにいる人、今そこにある建築物を対象とする。すなわち、フィールドワークが行われるその時点が、人々や建築が置かれた「状況の最前線」なのである。フィールドワークに伴うインタビューでは、過去のさまざまなこと、たとえば家屋の建設時の話や家屋のなかで行われてきた人生儀礼、家族の変化によって居室の使い方がどう変わったか、などの話を聞くことがあるが、それらはすべて、人々の現在につながる。

ここで、状況の最前線ということを考えてみたい。私たちの生きる現実は、おおむね楽しいことばかりだと信じたいが、現実はつねに変転しており、悲しいこ

とや辛いことも起きうる。極端な例かもしれないが、昨日までの安寧が自然災害や戦争、暴力によってふいに失われしまうことを、私たちは近年学んだ。また、それほどの大事ではなくても、私たちは日々、成長し、変わってゆく。フィールドワークが対象にするのは、ある人や集団の、ある社会の、こうした現在の生である。私たちのフィールドワークは、こうした状況の最前線で、人々が住まいをめぐってどのように生きているのか、社会がどのように変化しているのか、人々はどのように建築物を使いこなしているのか、あるいは建築物は廃棄されていくのかを考えるために行われる。フィールドワーク的現在といえる時制のなかで、現実に生きる人と対面し、その人や集団が使い、暮らし、生きる建築を調査する。「現実との対話」を試みる技法、それが私たちがいうフィールドワークである。建築におけるフィールドワーク的知は、このような認識論的、方法論的な特徴を持つ。フィールドワークは、観察とその記録に主眼を置くことは確かだが、だからといって単なるスキルではないのである。

さて、人々が生きる現実に向き合いながら進められるフィールドワークは、それをこなす主体にとってはどのような意味を持つのだろうか。まず、フィールドワークが異文化理解であることを踏まえれば、自文化とは異なる建築のあり方や人々の建築との関わり方をフィールドワーカーは知ることになるだろう。それは、フィールドワーカー自身にさまざまなインスピレーションをもたらす可能性がある。設計者であれば、異文化との接触からデザインのヒントを得て、それを実際の計画に使うことも当然あるだろう。そう考えれば、フィールドワークは創造の源泉である。

フィールドワークで対面する現実は、つねに予定調和的ではない。何が生起するかは状況次第であり、時にはまったく予期しない事態にさえなる。私の個人的な例でいえば、役所や村落社会などとの事前の折衝もほぼ完璧に終え、いざフィールドワークを始めて家屋の実測やインタビューをこなしていたら、唐突に、村人からその日限りでその活動をやめるように言われたことがある。理由は、神に仕える役職者による大きな儀礼が近づいており、家屋について事細かく聞いたり実測をしたり、写真を撮ったりするには適当な時期ではないと、その役職者が判断したからである。私自身

もその儀礼が重要であることは当然理解していたが、フィールドワークは可能と考えていた。しかし、役職者はそうは考えなかったのである。この経験から、私は、その社会は宗教的な中心人物が政治的にも強い力を持つことを知ったばかりか、儀礼という非日常的な時空間が現在でも人々の間で大切にされていることを、あらためて思い知らされた。

こうしたことばかりではなく、実に多くの予定不調和なことが、フィールドワークでは続く。ただし、限られた時間、限られた機会のなかで私たちはフィールドワークを行うのだから、そこで気落ちしていては前に進めない。何か問題に直面したら、「次の一手」を即座に考えなければならないのである。上の例でいえば、私はすぐに、家屋の調査から村落の空間的な把握の調査に切り替え、そのための資料を得ることに奔走した。

現実は、時間と空間、建築をはじめとする物質、天候、自然、そしてひとりひとり違う人々が複雑に絡みながら、日々、組織されている。だから、現実を定式化することはできないし、何が起こるか完全に予想することもできない。しかし、そうした現実に、フィールドワーカーは足を踏み入れる。そこでは、予定にないことや予期しないことが日々、生起する。そのなかでよりよい取捨選択を繰り返すことになるのである。[9]

本書の構成

そうした現実との対話の方法を、本書では、多くの実例から引き出す。本書の主体をなすⅠからⅤまでの事例紹介では、大学の研究室を単位とし、あるいは個人的に行われてきたさまざまなフィールドワークの実際を、フィールドノートやスケッチ、写真、図面資料とインタビューなどに基づいて紹介する。各事例の執筆者は、その研究室をリードした教員や、研究室に縁のある研究者、研究室出身の建築家や実務家らにインタビューを行い、それをまとめた。その際に、フィールドワークの対象と目的、フィールドワークの方法論、フィールドワークをどのように学生たちに伝えてきたのか、フィールドワークを経た学生はどのような分野に進んだのか、フィールドワークは建築またはその他の世界でどのように応用できるのかなどを記述するように努めた。

もう少し細かく内訳をいうと、ⅠからⅤの各事例は、

それぞれ大まかに4つのパートから成り立っている。最初のパートでは、「フィールドワークのなりたちと調査方法」について論じている。この部分は、上記の内容を含むほか、なぜフィールドワークを始めたのかなど、個人のフィールドワークの歴史をも明らかにする。また、「フィールドノート」のパートでは、各研究室（研究者）のフィールドワーク時に記されたフィールドノートやジャーナル、日記その他を提示する。研究室あるいは個々の研究者が、フィールドワークにおいて何に着目し、何を考え、どのようなことを書き綴っていたのかを知ることができるだろう。

「フィールドワークのスケッチ、図版」のパートでは、実際のスケッチや図版を提示しながら、どのような考えのもとに、建築物のいかなる側面を対象化したのかを論じている。最後に「フィールドワークの成果」のパートでは、フィールドワーク後の成果のアウトプットに加えて、フィールドワークに関わった学生たちの社会での活躍などを記述している。

本書で取り上げる研究室や研究者の数は、全部で14である。本書では、そのエッセンスをⅠからⅤまでの5つに分けて紹介する。

最初の「Ⅰ　居住空間の原理を探る」で取り上げるのは、設計や計画とも連動したフィールドワークを実践した、あるいは現在も実践している東京大学の原研究室、東京工業大学の八木研究室、千葉大学の服部研究室、早稲田大学の古谷研究室である。原研といえばデザイン・サーヴェイによる住居集合論が有名だが、原研のサーヴェイを経験した学生たちのなかには、現在の日本を代表する建築家たちも複数いる。自身もすぐれた建築家である原が、どのような考えで世界各地に赴いたのか、どのような教えを学生たちにしたのかが明らかにされる。東京工業大学の八木研究室もまた、デザイン・サーヴェイと設計との連続性を考えるうえで欠かすことができない。フィールドからのインスピレーションをもとに多くの設計がなされた。千葉大学の服部研究室は、ヨーロッパでの調査研究を基礎とする集合住宅計画論により、近年の集合住宅計画に大きく貢献した。早稲田大学の古谷研究室は、活発な設計活動と平行して、東南アジア都市部や東アジアで「半透明空間」の探求を積極的に進める。

続いて、「Ⅱ　集落世界をあぶり出す」では、集落に入り、また、集落が母体となり伝えてきた民俗建築の世界へ深く没入した芝浦工業大学の畑研究室、筑波大学の安藤研究室に関する論考である。畑研はアジアやエーゲ海での独特のフィールドワークを通して、ヴァナキュラーな建築をあくまでも探求した。安藤研は、構法や素材に着目し、微細な観察を主眼とするフィールドワークを行った。

「Ⅲ　都市に生きる人々の暮らしを捉える」では、それぞれ独自の方法で都市そのものまたは都市居住の問題に向き合った研究室を取り上げる。東洋大学（京都大学、滋賀県立大学、日本大学）の布野研究室は、インドネシアのカンポンを舞台にして、人類学的思考も援用しながらフィールドワークを行った。その成果は、実際の建物として現地に還元されている。布野研の特筆すべきことは、こうしたフィールドワークを通して、多くの研究者を輩出してきたことでもある。京都大学の高田研究室は、京都のような伝統的な都市における居住計画を進めてきた。京都といえども現代の社会変化は著しく、それに合わせて居住の様態も変化を余儀なくされる。高田研の活動は、そうした局面を対象化している。いっぽう、東京工業大学の塚本研究室は、都市におけるミニマルなもの、あるいは近年は窓学という問題系の調査を世界各地で進める。設計者としても知られる塚本のフィールドワーク論が示される。

「Ⅳ　都市に堆積した時間を紐解く」では、法政大学の陣内研究室と東京大学の村松研究室を取り上げる。ティポロジアの使い手として知られる陣内だが、そのフィールドはヨーロッパだけに限らない。現在まで続く歴史都市の解明とアクティブな成果が示される。村松もまた、中国での研究にとどまらず、その活動は、インネドシアのメガシティ研究や東南アジアの都市における文化遺産にまで広がる。

「Ⅴ　居住文化から建築を読み解く」では、学習院女子大学の乾研究室、国立民族学博物館の佐藤浩司、公立鳥取環境大学の浅川研究室を取り上げる。この3人は、建築におけるパラダイムをデザイン・サーヴェイからフィールドワークに変えた。乾は台湾や中国南部、フィリピンで、佐藤はフィリピンやインドネシアで、浅川は中国で、長期滞在のフィールドワークを行い、それぞれ民族建築学や建築人類学を後に標榜するようになった。彼らは、文化人類学や民族学の方法論

を建築に導入し、デザイン・サーヴェイからフィールドワークへの転換を身を以て体現した。

続くcolumnでは、デザイン・サーヴェイやフィールドワークに大きな足跡を残したふたりの巨人を取り上げる。法政大学や日本大学で教鞭を取った宮脇檀と大阪市立大学で長らく研究を続けた持田照夫である。宮脇のデザイン・サーヴェイは精緻なことで知られるが、街並みと家との関係を真摯に探求し続けた。いわゆる宮脇スクールからは、後に多くの建築家が出た。偶態論を提唱した持田は、早くから非日常や儀礼といった民俗学や人類学の概念に着目していた。いわば、今日の建築計画学を新しい次元で開拓した先人の一人である。農村住宅の謎を解き明かそうとした持田の一連の研究は、現代でも大きな意味を持っている。

最後に本書では、建築におけるフィールドワークの現在に至る道筋を俯瞰することができる「系譜」を作成した。これは、ⅠからⅤまでの各パートで取り上げられた研究室、研究者に対応している。本書で述べられた研究者個々の主なフィールド、フィールドワークをもとに編まれた代表的著作や設計された作品が記載されている。それから、個々の研究者は多くの教え子を輩出してきたが、当の研究者もだれかの教え子であり、自らのフィールドワークの手法や考え方を、先人から学んだに違いない。この系譜では、そうした関係をできるだけ詳細に表現している。さらに、多くのフィールドワークは、同時代の友人や同僚との協力関係や影響のもとに成り立っている。それらも、可能な限りではあるが記載してある。フィールドワークは、個々の研究室で独自の発展を遂げて、現在、私たちの世代に伝えられているが、この系譜からは、じつはいろいろな人たちが相互に関わりながら、フィールドワークが受け継がれてきたことが分かるだろう。

本書で取り上げる研究室、研究者個人の顔ぶれはじつに多彩である。フィールドワークの方法論もほとんど共通性がなく、フィールドワークの哲学すらも、おそらく大きく異なる。しかし、フィールドワークが現実との対話であることを思い出してほしい。現代において、フィールドワークの対象の多様性には目を見張るものがあるとしても、それは、人々の生きる現実が多様だからに過ぎない。そんな現代にあって、人々と建築の地続きの関係性のさまざまなかたちを私たちの

目の前に差し示してくれるのが、フィールドワークである。現実との対話を試みるこうした知のありようは、建築を構成する他の知や方法論と明らかに異なるのである。

さて、個々の研究者や研究室がそうした知の探求をどのように成し遂げていったのかを、本書を読み解きながら見ていくことにしよう。

1 フィールドワークをめぐる理論的位置づけに関しては、前書の拙稿で、別の角度から詳述した（「住まいと暮らしのフィールドワークに出かけよう！」日本建築学会編『フィールドに出かけよう！――住まいと暮らしのフィールドワーク』風響社、2012、13-22頁）。

2 この点について参考にしたのは、文化人類学者の浜本満の論考である（「致死性の物語とフィールドワークの知―ある青年の死をめぐって」『文化人類学』80/3、2015、341-362頁）。

3 世界に存在する諸文化は独自の価値やセンスを持つと考え、対等な存在として捉える態度、姿勢であり、研究方法でもある。日本の建築学者に往々にして多い、自らの（日本の）建築を最高のものと考え、他の文化の建築との間に優劣をつけたがる――もちろん日本が優れていることになる――エスノセントリズム（自民族中心主義）とは対極にある。

4 もちろん、異文化は外国だけとは限らない。文化とは後天的に獲得したり学習したりして内面化されるあらゆることであると仮定すれば、自分の周りには多くの異文化があることに気づくだろう。

5 Project Based Learning, Problem Based Learning などのいわゆるPBLがその代表である。

6 人類学におけるフィールドワークについての概説書は、以下が参考になる。菅原和孝編『フィールドワークへの挑戦――実践人類学入門』世界思想社（2006）、京都大学大学院アジア・アフリカ地域研究研究科、京都大学東南アジア研究所編『京大式フィールドワーク入門』NTT出版（2006）、奥野克巳・花渕馨也共編『文化人類学のレッスン』学陽書房（2005）など。

7 マーカス＆フィッシャー『文化批判としての人類学』永渕康之訳、紀伊國屋書店、1989。

8 宮脇檀住宅設計塾編『眼を養い――手を練れ』彰国社、2003。

9 それは、限られた条件のもとでベターなチョイスを繰り返し、建築を生み出す過程とほぼ同じである（橋本憲一郎「フィールドワークから実践へ――フィールドワークを設計にどう役立てるのか」日本建築学会編『フィールドに出かけよう！――住まいと暮らしのフィールドワーク』風響社、2012、165-177頁）。

B 建築フィールドワークの系譜図

国内外で数多くの魅力的なフィールドワークを展開させてきた先駆的研究室を取り上げている本書は、その活動を牽引してきた研究者が、どのような経緯でフィールドワークを始めたのか、どのようにフィールドを広げ発展させてきたのか、そのきっかけとなった出来事や関係性を解き明かすことが重要なテーマとなっている。フィールドワークの先人達がたどってきた道筋をなぞり、「芸術・学問などで、師弟関係など、影響をうけてきたつながり」（『大辞林 第三版』三省堂、2006）を示す系譜図としてまとめることが課題となっている。

系譜図の枠組み

次の折り込みページに掲載されている系譜図は、研究者の個人史に基づいて、本文から読み取った重要事項と、聞き取りによって集めた追加事項を中心にまとめられたものである。横軸は本書の構成である5つのパートに分かれており、コラムも含めて、16名の研究者をテーマに応じて配置している。縦軸は時系列に並べており、右側はフィールドワークの発展に影響を及ぼした出来事、左側上段は師弟関係や連携・協力関係を示す相関図を表現している。左側下段にはインデックスの役割を兼ねて、研究者の略歴、主な調査歴、主な著書および作品を加えている。個人史のまとめ方は本人の意向を反映しているため、何がきっかけとなったのか、何を重視してきたのか、フィールドワークに対するそれぞれのこだわりが表れている。

フィールドワークの発展

右側の年表は、フィールドワークの発展に影響を及ぼした人物や活動グループ、著書や学術的キーワードを時系列に掲げている。

まず、複数の研究者から影響を受けた人物として挙げられていたのが民俗学者の今和次郎である。現代の社会現象を解明する"考現学"を提唱した今和次郎は、都市の世相や風俗に関する緻密な調査・記録で有名であるが、もともとは柳田國男に師事し、農山漁村の民家研究に携わっていた。日本民俗学の先駆けとして知られる柳田國男は、現地の言語で語り継がれてきた民話や逸話などの口頭伝承から、その地域の居住文化を読み取っている。最も有名な著書『遠野物語』（初版は自費出版で1910年刊行、復刻版が日本近代文学館より1968年に刊行）は、東北地方の山村で培われてきた風習や伝統行事などに関する伝承を記録している。その柳田國男が建築家の佐藤功一らとともに設立した「白茅会」は、失われていく古民家の保存を目的とした民家研究会であり、今和次郎もメンバーとして参加していた。埼玉・神奈川・東京の多磨地区の農山村を訪れ、民俗学者は民話や土俗信仰の採集を、建築家は民家のスケッチや間取りの採集を行うという学際的な調査手法が試みられていた。後に、今和次郎は一連の民家研究を『改稿　日本の民家』（相模書房、1943）など数多くの著書にまとめている。

柳田國男や今和次郎と同じく、民俗学者で影響が見られたのは宮本常一である。漂着民や被差別民を扱っていた宮本常一は、瀬戸内海の島々での民俗調査をきっかけに、財界人で民俗学者でもあった渋沢敬三が主宰していた「アチック・ミューゼアム」（後に「日本常民文化研究所」）に所属し、衣食住の用具や生業に着目した民具学を開拓していった。日本各地の民間伝承を記録した『忘れられた日本人』（未來社、1960）は、文字を持たない辺境地の居住文化を描き出している。

こうして、民俗学が牽引してきたフィールドワークの系譜は、第二次大戦後、建築学者の西山夘三によって工学系分野へと大きく転回し、実践的な計画・設計を伴う建築フィールドワークへと発展している。庶民の生活実態を詳細に調査した西山夘三は、戦後まもなく出版された『これからの住まい』（相模書房、1947）で、

食事と就寝の場を区別した食寝分離を提唱し、後の公営住宅の標準設計に多大な影響を及ぼしている。住み方調査の集大成となる『日本のすまい（壱・弐・参）』（勁草書房、1975〜80）では、労働者階級のドヤから上流階級の邸宅まで幅広い住宅を網羅している。

1960年代には、『国際建築』（美術出版社、1928〜67）、『都市住宅』（鹿島出版会、1968〜86）、『SD（スペースデザイン）』（鹿島出版会、1965〜2000）などの建築雑誌や翻訳図書を通して、海外の研究者や建築家によるフィールドワークが紹介されていった。翻訳図書で最も注目されたのが、バーナード・ルドフスキーの Architecture Without Architects『建築家なしの建築』（原著：Doubleday & Company, Inc., 1964／翻訳：鹿島出版会、1976）であり、世界各地の風土色豊かな集落に根づいている自然発生的なヴァナキュラー建築の魅力を伝えている。フィールドを広げていく集落研究に対して、ロバート・ヴェンチューリの Learning from Las Vegas『ラスベガス』（原著：The MIT Press, 1977／翻訳：鹿島出版会、1978）、レム・コールハースの Delirious New York『錯乱のニューヨーク』（原著：Oxford University Press, 1978／翻訳：筑摩書房、1995）は都市研究の可能性を示している。

『国際建築』の特集「オレゴン大学のデザイン・サーヴェイ」（1966）に続いて、建築史家の伊藤ていじが「デザイン・サーヴェイ方法論考」（1967）を発表したことが、建築フィールドワークの新たな潮流として大きなインパクトを与えた。デザイン・サーヴェイはこれまでのフィールドワークの手法に加え、実測調査によって得られた意匠の構成要素を、建築物や街並みの計画・設計に取り入れようとする試みが特徴となっている。都心の繁華街や郊外の住宅地を分析した「アーバン・ファサード」（1971〜72）を『都市住宅』で連載していたコンペイトウは、東京芸術大学の学生グループであり、後に建築家となる元倉真琴が中心メンバーだった。沖の島や女木島など、離島の漁村で意欲的なデザイン・サーヴェイを行った建築史家の神代雄一郎は、集落の空間構造から共同体の性質を読み取っている。『日本のコミュニティ』（SD別冊、鹿島出版会、1977）では、信仰や生業に着目したコミュニティ論を展開している。

1960年代から70年代にかけて全盛を極め、建築フィールドワークの方法論を確立させていったデザイン・サーヴェイは、本書で取り上げている先駆的研究室にも大きな影響を及ぼしている。

影響を受けたつながり

左側上段の相関図は、本書で取り上げている研究者に対して、師弟関係、連携・協力関係、影響関係（一方向）がある人物をつなぎあわせている。師弟関係は学部や大学院の指導教員や教え子、連携・協力関係は先輩や同年代の共同研究者、影響関係（一方向）は左側の年表に挙げられた人物を中心に、本文や聞き取りに基づいて関係性を拾い上げている。

「居住空間の原理を探る」は、国内外のデザイン・サーヴェイを計画・設計に反映させながら、多くの建築作品を残している設計系の研究者を中心にまとめられている。『住居集合論（その1〜5）』（SD別冊、鹿島出版会、1973〜79）を提唱した原広司は、建築教育の意義を伝えることが困難だった時代背景から、学生の原体験につながる集落調査に活路を見出し、藤井明や隈研吾など多くの教え子を伴い独自にフィールドを開拓している。清家清のもとで設計を学んだ八木幸二が、茶谷正洋研究室の助手として海外調査を始めた際には、すでに、地中海沿岸や西アフリカを巡る原広司の集落調査が先行していた。八木幸二のデザイン・サーヴェイは、OTCA（現JICA）での仕事となるシリアの都市計画から始まり、茶谷研究室で行ったインドネシアのトラジャ族の住宅調査によって木造構法への興味を広げている。住宅地や街区の空間計画を提案している服部岑生は、西ドイツのシュトゥットガルトでの留学経験が、イギリスやスウェーデンなどヨーロッパ諸都市の調査研究につながっている。東南アジアや東アジアでフィールドを広げている古谷誠章は、せんだいメディアテークの設計競技やタイのワークショップでリアルな空間と向き合い、設計につながるフィールドワークへと展開させている。数多くの住宅作品を残している宮脇檀は、『国際建築』で目にしたオレゴン大学の金沢幸町調査に触発され、卒業論文指導の一貫としてデザイン・サーヴェイを取り入れている。

「集落世界をあぶり出す」には、国内外の集落研究を通して、独自の建築理論や研究手法を展開させている計画系の研究者がまとめられている。設計事務所から進学した穂積信夫研究室で、他大学のデザイン・サー

ヴェイに触れた畑聰一は、博士課程時代に訪れたギリシャのキクラデス諸島でフィールドワークを始め、形態学に基づく集落のフロッタージュを確立している。助手として所属した内田祥哉研究室で、台風被害を受けた八丈島の民家研究を経験した安藤邦廣は、里山建築の材料と技術に着目した民家研究を進めると同時に、設計への応用として校倉構法の開発に携わっている。『伝態論』（学芸出版社、1986）を提唱した持田照夫は、日本各地の集落で農村住宅の悉皆調査を行い、生活・儀礼に基づいた四つ間取りの機能性を論じている。

「都市に生きる人々の暮らしを捉える」には、都市研究の成果を計画・設計にフィードバックさせながら、公共空間や住居空間を提案している計画系・設計系の研究者がまとめられている。公営住宅の51C型を提唱した吉武泰水研究室で学んだ布野修司は、住宅プロトタイプに基づいたハウジングの提案を目指したインドネシアのカンポン調査から始まり、イスラーム都市やヒンドゥー都市にフィールドを広げている。西山夘三の「食寝分離論」や巽和夫の「ハウジング論」を継承している髙田光雄は、京都の木造住宅や台北の日式住宅の住みこなし調査を通して、住み手の多様性に対応した住まいの可変性を追求している。坂本一成研究室で設計を学んだ塚本由晴は、貝島桃代との協働を通して多くの建築作品を残しながら、フィールド・サーヴェイを通して建築のふるまい学を検証している。

「都市に堆積した時間を紐解く」には、建築史をベースとして、過去から現代につながるフィールドワークを展開させている歴史系の研究者がまとめられている。ヴェネツィア大学で建築類型学を学んだ陣内秀信は、イタリアや東京の都市史研究を通して、都市構造の成立と変容を分析し、空間人類学や水都学を提唱している。村松貞次郎や藤森照信から近代建築悉皆調査を受け継いだ村松伸は、ベトナムのハノイやタイのバンコクなどアジア諸都市でフィールドワークを敢行し、人口増加による環境問題に取り組むアジアのメガ都市プロジェクトへと発展させている。

「居住文化から建築を読み解く」には、実践的な提案が求められる建築学から、観察と記録が重視されている人類学へと転換していった研究者がまとめられている。構法を学んだ内田祥哉研究室で伝統的技術に興味を持った乾尚彦は、人類学的手法を用いた民家研究を始め、フィリピン、インドネシア、台湾などで収集した民俗建築画像のデータベースを作成している。陣内秀信と同じく稲垣栄三研究室で建築史を学んだ佐藤浩司は、院生時代に乾尚彦と行ったインドネシアの民家研究を継続し、図面やアクソメを使いCGデータを作成してホームページで公開している。西川幸治研究室で建築史を学んだ浅川滋男は、ミクロネシアのトル島で伝統的集会所の復元に携わったことから民族学に興味を持ち、東アジアや東南アジアで水上集落調査を展開し、GPS位置情報と航空衛星写真を用いて制作したCGアニメーションで近未来景観を表現している。

研究成果を空間的提案に置き換える建築学に対して、人類学はどのように研究成果を伝えていくのか、人間の居住文化を記述する方法論が個々に模索されている。フィールドワークの成果を現地住民に還元していく方法は、いずれの学問分野でも重要な課題となっている。

フィールドワークの現在から未来へ

1980年代以降、徐々にその意義を見出しにくくなっていったデザイン・サーヴェイのように、昨今のフィールドワークを取り巻く社会情勢は如実に困難なものとなっている。国際テロの増加や個人情報の保護に伴い、現地住民のプライバシー意識が高まり、知的好奇心を原動力にフィールドを開拓していくことが難しくなっている。海外調査のハードルが高かった時代でも果敢にフィールドを開拓していった先人達が語る体験談は、学生のみならず若手研究者にとっても刺激的な内容となっている。本書をきっかけにデザイン・サーヴェイの魅力を知り、建築フィールドワークの未来をつなげていく次世代が生まれることを期待している。

I 居住空間の原理を探る

1　住居集合論

―― 東京大学 原研究室　原　広司

活動期間：1972〜97年
主なフィールド：地中海周辺、東欧、中東、西アフリカ、南米、中南米、インド
研究室キーワード：住居集合、多層構造、様相、離散型集落、方言の集落と標準語の集落、設計

集落への旅

　1972年春、原広司研究室による最初の集落調査はほとんど「旅」というべきものだった。何を調べるか決めていたわけでなく、体験して思考すること自体が目的だった。発想から出発までの2ヶ月の間に、スポンサーを探しつつ、学生は設計や製図の仕事を持ってきて協力して資金を貯めた。教員は出発前に大学に休暇届を出すはめになった。1ドル＝360円制度が終わったばかりの時代の貧乏旅行だ。参加人数は増減はあったがピーク時14人、期間は3ヶ月程度、地中海沿岸とアフリカ北部を車で巡った。

　当時を振り返って、「ガルダイヤはパルテノンに匹敵する」と原は自信をもって言う。集落は、輝かしい近代ヨーロッパの歴史に対抗しうる存在だ。しかし調査前の原にそのような意識はまったくない。よく分からないながらも「近代ヨーロッパ的でない何かが集落にあるのでは」というほのかな予感から飛び出していく。

　歴史的にいうと、コルビュジエが集落を参照していたという例外はあるものの、集落――つまり地域性や民族性に関すること――は近代においておおむね否定されていった。これはヒトラーの人種主義に対するアンチテーゼであり、この流れのなかでミースたちによって「万人に等しく寄与する美学」としての均質空間が産み出される。原はこれに強い疑問を感じていた。均質空間が切り落とした「アイデンティティ」を本当に否定してよいのか、という問題意識があった。

　原の個人史としては、30歳の区切りに『建築に何が可能か――建築と人間と』（学芸書林、1967年）を書いて以降、多方面から声がかかっていた。当時は、東

大安田講堂事件、70年安保、あさま山荘事件と続く不穏な時代だ。大学の助教授だった原は学生運動家たちにも呼ばれ、「なぜ今時、建築なんかやっているのだ。建築をやめて人間に帰れ」と問われた。それに対して原は「建築家という立場から人間に帰るのだ。建築をやって初めて人間になるのだ」とバリケード内で言い続けた。「地域」概念を内包する「公害」という問題意識を運動家たちと共有していたことも大きかった。ヘルメットをかぶった命がけの議論を経て、建築を続けるうえで集落に行ってみようと思い至る。

ガルダイヤから始まった

　最初の調査地として地中海地域を選んだ理由は明快だ。ひとつはコルビュジエが見たものを見たかったからであり、もうひとつの理由は「カルネ」である。カルネとは一時輸入のための通関手帳のこと。カルネを持っていれば自動車で国境を越えられるという制度が当時導入された。それを活用しやすい地域として地中海を選び、利用できた軌跡が結果的に調査ルートになった。まずパリに入り、借りた2台のプジョーで周遊しながら南下し、カルネを使ってスペインに入国する。その先、ジブラルタルを越えたくて下調べもしていたが、現地に行ってみないとカルネが通用するかどうか分からない。果たして行ってみるとモロッコに渡れた。さらに隣のアルジェリア、そしてチュニジアと、国境に着いてから次の行き先が確定していく。

　アルジェリアを訪れなかったら、そしてガルダイヤを訪れなかったら、集落調査は1回で終わっていたかもしれない。だが、モスクの塔を中心に年輪のように住居が拡がる美しい風景に原は心を打たれる。そして

コルビュジエのモチーフをいくつも発見し、コルビュジエはガルダイヤを参照していたと確信する。集落を調べるのは間違っていないと思う。だから調査をまとめた報告書のタイトルに「その1」を付け足し、『住居集合論　その1』（鹿島出版会、1973年）とした。その後、世界各地を訪れ、住人相互の声が辛うじて届く程度に離れて住居が建つ「中南米の休耕地の離散型集落」、建築要素の形式を〈標準語〉のように共有する「イランの人工オアシスの集落群」、逆に〈方言〉のように変形する「西アフリカのサバンナの集落群」などを見出し、『住居集合論』は「その5」まで出版されることになる。原広司研究室の集落調査は1997年のイエメンを最後とし、藤井明研究室に継承されていく。

建築家として集落から学んだこと

建築家としての原は、集落のボキャブラリーをそのまま記号として設計に用いること——コルビュジエがガルダイヤの「ピロティー」や「開いた手」をモチーフに用いたように——は避けた。現代の表現には現代の言語が適すると考えているからだ。しかし集落の「原理」は設計に用いる。たとえば、日本も含めて世界の集落を見てくると、谷という地形と日本の文化は密接に関わっていて、それは世界のなかでたいへんユニークだと分かった。それが「京都駅」（1997年）の「地理学的コンコース」につながる。また「ヤマトインターナショナル」（1986年）は、集落のつくり方のベースに見出した〈多層構造〉から着想したし、「梅田スカイビル」（1993年）は、世界中に見られた〈空中庭園幻想〉の発展的引用である。

調査が設計に反映されるだけでなく、逆に設計が「先行している」こともある。原は自邸「原邸」（1974年）の設計中、住居内部を明るくして外界を暗くする〈反転〉をどうすれば実現できるか考えていた。そのころ

アラブ諸国に行き、辺り一面にあるロの字型住居の中庭で〈反転〉の実践を目の当たりにする。またアドリア海岸に行けば、すべての岬に街をつくりその丘の中心に教会を建てていたが、その中でドゥブロヴニクだけは教会を最も低地に配して周縁を高くするという地形的な〈反転〉を演出していた。このように多様な〈反転〉がすでに存在することを集落から学び、〈住居に都市を埋蔵する〉住宅の設計へとつながっていく。どこかの集落のボキャブラリーを当てはめるのではなく、いたるところで見出した原理を使って設計しているのだ。これが可能なのは、たとえばアフリカ固有と思われるものが日本の文化にもあり、その逆もあるからで、「すべてのものにすべてがある」からだ。空間デザインについて集落から学んだ内容は『集落の教え100』（彰国社、1998年）にまとめられている。

これからのフィールドワーク

調査は道具や制度に制約される。原研の調査では、「機械の時代」の終わりごろに、〈身体の延長〉である自動車を用いて、カルネが通用するところを踏破した。一方「コンピュータの時代」である現代の研究は、インターネットや人工衛星などの〈意識の延長〉としての道具を駆使すべきと原は考えている。

次世代の調査は多分野共同で行うべきとも原はいう。たとえば建築学・言語学・音楽学の研究チームでニューギニアの島々を調査すれば、島ごとの建築・言語・音楽の形式に相関があると判明するかもしれない。集落と同じように言語と音楽についても、イランの人工オアシスは〈標準語〉を話し、西アフリカのサバンナは〈方言〉を話すかもしれない。中南米の〈離散型集落〉のさまざまな住居分布パターンは、場所場所での声の届く距離と関係があるかもしれない。分野をまたぐことで、文化ひいては人間についての理解が深まるだろう。

――――――――――――――――――――GLOSSARY――

均質空間　超高層オフィスビルに代表される、壁や柱による制約の少ない、多様な活動に対応できる空間。どのような機能も包含しうる空間モデルとして建築家ミース・ファン・デル・ローエが提唱した「ユニバーサル・スペース」の原広司による訳語。原の集落調査は均質空間を乗り越えようとする意識が出発点だった。

ル・コルビュジエ　スイス生まれのフランスの建築家。ミースと同様に1920年代から近代建築の理論実践をリードした巨匠だが、アルジェリアの集落ガルダイヤから強く影響を受けた一面もある。原の近代建築観は、「ミースが座標を描き、コルビュジエがその座標のなかにさまざまな関数のグラフを描いた」（原広司『空間〈機能から様相へ〉』岩波文庫、2007年、21頁、初版1987年）。

通過する者の眼

原研の集落調査は、「短時間の実測調査」と「自動車で走りながらの調査地選定」を繰り返す独特の方法で行われる。住み込み調査による行動観察を諦めるかわりに、物象化された空間概念を横断的に体験し続けた。

　原研の調査法は、最初の地中海調査のときに試行錯誤のうえ作り上げられ、以後それを踏襲することになる。皆で自動車に分乗して移動し、道筋に次々と現れる集落のなかから魅力的な集落を選んで訪れる。調査人数が多いほど滞在時間は短くなるが、5〜10人程度の調査メンバーが3時間ほど調査するのが標準的だ。それが終わると、つまり住人に「泊まっていけ」と言われるころに、次の集落を探す旅に戻ることになる。このような調査法に落ち着いたのは、短時間調査なら数時間でも数日でも分かることはさして変わらないと知り、かわりに数を集めて横断的に体験することを選んだからだ。年次により異なるものの、一度の調査で、3ヶ月ほどかけて70程度の集落を訪れた。

　「果たして、これは調査といえるのか」と自ら疑いながらも、原は〈通過する者〉として物象化されたものを観察し続けた。一方「住み込んで際限なくその場所の人にならないと信用できない」という当時の文化人類学のムードに違和感があったのも確かだ。数学者リーマンが「すべては便宜的な解釈である」と言ったように、異なる方法の調査を等価に並べるべきと考えた。

　集落を横断していくと、さまざまなことが分かる。たとえば西アフリカのサバンナの集落には、狭い領域に恐ろしく多様な差異が見られる。集落の構成要素が土壁の住棟と穀倉であることは共通するが、その形態と組み合わせ方は〈方言〉のように多様だ。まったく同じ自然の条件から異なる形態が誘導されることを知り、「風土に対応する集落が自然発生した」との従来説に疑問を抱くことになった。

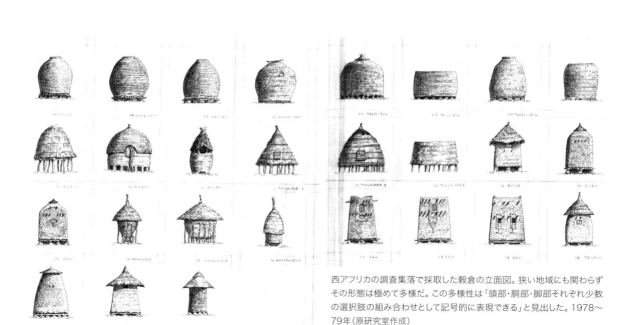

西アフリカの調査集落で採取した穀倉の立面図。狭い地域にも関わらずその形態は極めて多様だ。この多様性は「頭部・胴部・脚部それぞれ少数の選択肢の組み合わせとして記号的に表現できる」と見出した。1978〜79年（原研究室作成）

1 住居集合論

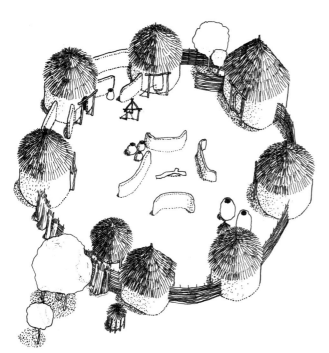
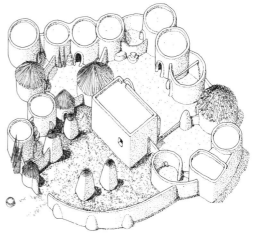

ボグーの複合住居「コンパウンド」のアイソメ図。土壁でできた直径3〜4mの円筒形住棟が円環状に並び、ひとつの住居あるいは集落を成す。グルマンシェ族が住む。オートボルタ(ブルキナファソの旧称)、1978〜79年(原研究室作成)

スンブルングのコンパウンドのアイソメ図。円筒形の寝室棟・台所棟・穀倉棟がめり込んで融合する。フラフラ(グルンシ)族が住む。ガーナ、1978〜79年(原研究室作成)

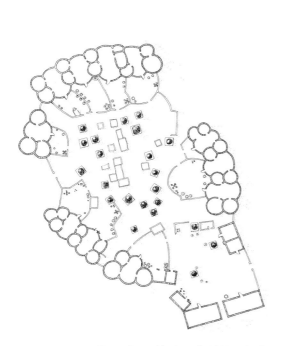
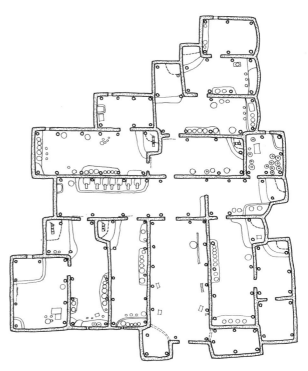

テナドのコンパウンドの平面図。小円の2棟と大円の棟が交互につながり、結果的に棟というより室に近づく。家族構成の変化に応じて室を建て増す。レラ(グルンシ)族が住む。オートボルタ、1978〜79年(原研究室作成)

キエロのコンパウンドの平面図。室が極度に融合して中庭が消失し、防御的な構えを見せる。ロビ族が住む。コートジボワール、1978〜79年(原研究室作成)

原広司のフィールドノート

地上を歩き回りながら集落全体を俯瞰的に把握し、後ほど図面化できる程度に短時間で記録する。観察者の解釈が問われている。

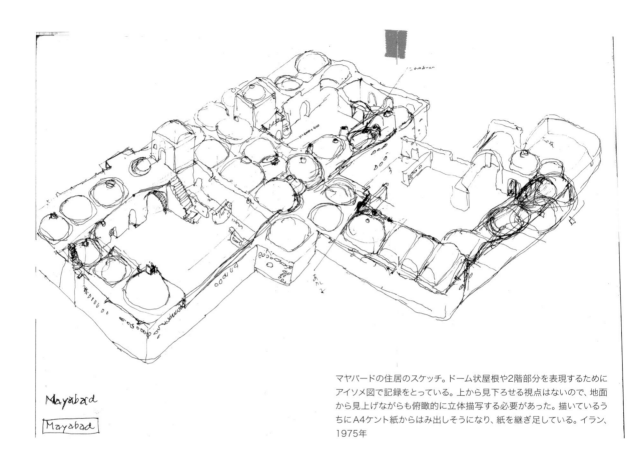

マヤバードの住居のスケッチ。ドーム状屋根や2階部分を表現するためにアイソメ図で記録をとっている。上から見下ろせる視点はないので、地面から見上げながらも俯瞰的に立体描写する必要があった。描いているうちにA4ケント紙からはみ出しそうになり、紙を継ぎ足している。イラン、1975年

集落に入ると、インタビュー、住居内部の実測、写真撮影などの役割を調査メンバーで分担する。原の役割はつねに配置図を採ることだ。画板にA4のケント紙をはさみ、三色ボールペンを片手に集落を歩き回る。黒色でスケッチし、その上に要所のみ赤色で寸法を書き入れる。聡明な子どもたちに採寸を手伝ってもらうこともあるが、配置図記録は最も時間のかかる役割なので巻尺を使う時間が惜しく、歩測か目測がほとんどである。正確性よりも数を集めることを優先した。

調査には、言及するかはさておき、対象に対する「解釈」が必ず付随する。解釈は時代によって異なるし、観測者によっても異なる。2000年以上前にアリストテレスは「惑星の軌道は円」と言った。ルネサンス期にケプラーによって「円ではなく楕円」と判明した。しかし、これをもって「アリストテレスは間違っていた」というのは間違いだと原は考える。正しくなかったら2000年近くもそのアイデアはもたないはずだし、そもそも新しい幾何学であるトポロジーからすると円と楕円はまったく同じだからだ。正誤の問題ではなく解釈の問題だ。同じように、集落調査とは正しいか正しくないかを問題にするものではなく、「あなたの解釈はどういうものか」を問うものである。

1　住居集合論

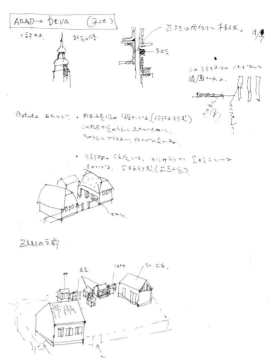

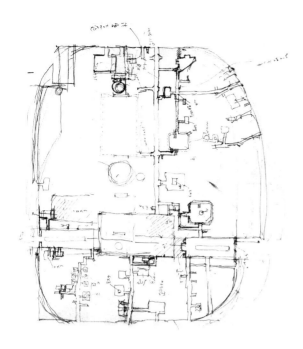

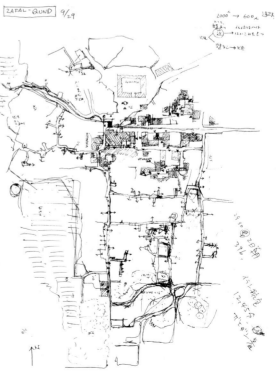

ルーマニア調査道中に記したメモ。教会塔頂部の形態や住居の棟構成を手早くスケッチしている。1975年

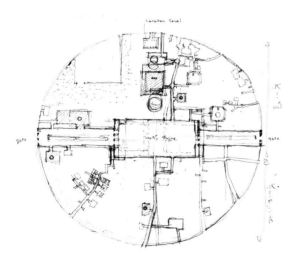

マシュハドのイマーム・レザー廟の配置図スケッチ。上図は、歩き回りながらまず記録した配置図。外周道路は小判型である。これを描いた後すぐ調査メンバーと議論し、「外周道路はほぼ円形」との結論にいたった。下図は、その認識のもとで採寸し直した配置図。所要時間は全部で2〜3時間程度である。イラン、1975年

ザファル・カンドの配置図スケッチ。曲がりくねって分岐する街路を細かく記録している。イラン、1975年

「世界を変える建築は可能だ」と集落から教わった

山本理顕、隈研吾、竹山聖をはじめとして、学生時に原研の集落調査に参加し、現在第一線の建築家や研究者になっている者は多い。集落調査は最高のトレーニングだったし、勇気を与えてくれた。

　人間はトレーニングし続ける存在だというのが原の信念である。集落調査では「新しい場所で、言葉が通じない人たちの前で、どのように振る舞うべきか」を考え続ける。旅行とは異なり、成果を持って帰らなければならないから、対象を真剣に見る。調査を続けるためには事故を起こしてはならない。逃げることができない。この緊張感がトレーニングになる。建築は命がけだから、死にもの狂いの調査が将来役に立つのだ。

　集落の実物を訪ねると、やはりリアリティがある。どのサンプルも圧倒的で、「これほどの世界があるのか」と原も学生も驚く。「この集落は我々が来るのをずっと待っていてくれた」と思わされることもある。この体験によって、設計や研究の発想がうながされるし、生半可なことでは驚かなくなる。とくに実践的には、実測調査によって寸法感覚が養われるのが大きい。

　そして何より「世界を変える建築を人間は構想できる」という自信を集落は与えてくれる。こんなにすごい集落をつくることができるのだから、我々も何かできるんじゃないか、と思うのだ。

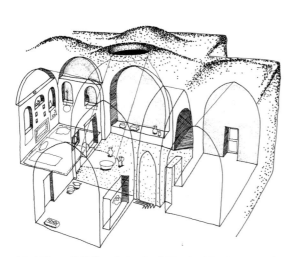

人工オアシスの集落ザファル・カンドの住居アイソメ図。イラン、1975年
（原研究室作成）

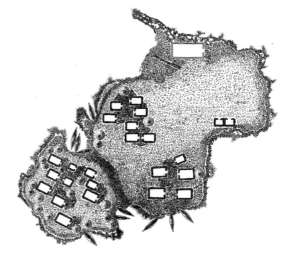

チチカカ湖上の浮島集落トラニパタの配置図。ペルー、1974年
（原研究室作成）

砂漠の高層集落シバームの連続立面図。イエメン、1997年（原研究室作成）

1 住居集合論

調査住居平面図

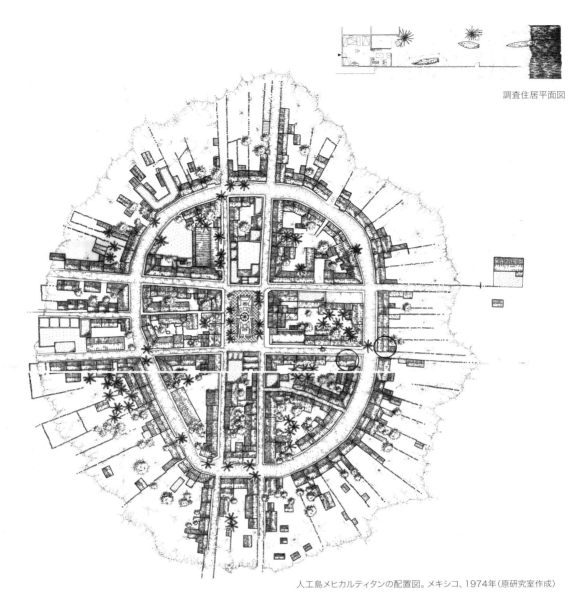

人工島メヒカルティタンの配置図。メキシコ、1974年（原研究室作成）

中南米調査で訪れたティカルにて、37歳の原広司。グアテマラ、1974年（原研究室撮影）

西アフリカ調査の道中にて。左から藤井明、佐藤潔人、隈研吾、竹山聖、原広司。1978〜79年（山中知彦撮影）

2　デザイン・サーヴェイと設計

──── 東京工業大学 茶谷研究室→八木研究室　八木幸二

活動期間：1987〜2010年
主なフィールド：西アジア、東南アジア、中国、ヨーロッパ、アメリカ、日本
研究キーワード：フィールドワーク、実測、平・立・断面図、構法、設計

ケ・セラ・セラの旅

　大学の研究室には特定フィールドや理論への長期的な取り組みが見られる場合が多い。一方でデザイン・サーヴェイを行う研究室では、対象とする環境への純粋な空間的興味により、フィールドが多方面に展開することもある。八木研究室の場合、後で紹介するように「なんでも自由に」の姿勢が貫かれ、調査・研究と並行して設計が行われていた。両者が影響しあいながら、人間の居住する環境への探求が進行していたと思われる。研究室を主宰した八木がどのようにフィールドワークの道へ進んだか、その経緯を探ってみたい。

　1966年、八木は大学4年のときにインターンシップのためヨーロッパに滞在した。半年をオランダで、半年をデンマークで過ごし、その後1年近くにわたって世界各国を旅した。経路は、日本→ヨーロッパ→アメリカ→ヨーロッパ→北アフリカ→中近東→インド→日本。とくに2度目のヨーロッパのあと乾燥地域を巡った経験が、その後の研究や活動につながった。帰国後、大学紛争の最中、69年に卒業した八木は、所属していた清家研究室で行われていた万博パヴィリオン計画のひとつ、スイス館の日本側現場担当者として大阪に常駐した。万博プロジェクトが終了したあと、東京工業大学長津田キャンパス計画室の助手を務めたのち、71年にOTCA（現JICA）の専門家としてシリアに派遣され、田園都市省で地方都市の計画に携わった。

持ち込まれた計画理論への反証として

　シリアでの地方都市計画においては、数名の同僚と仕事を進めたが、そこでは、西欧近代の都市計画における機能都市的な理論が優先されており、彼らが留学先で学んだ理論や方法が導入されていた。たとえば、農村計画であれば、ロシアやポーランドから持ち帰った理論をもとに、人・車・動物を区別した交通計画になり、商店を計画する場合にはアメリカのようなガラス張りの建物の周囲に駐車場を巡らせるという具合である。八木の認識では、現地の旧来の街では人も動物も混ざりあって移動することが成立しているし、細い

1971年当時のシリアの都市空間

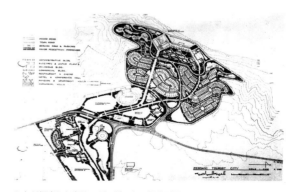
八木が担当した当時のザバダニ市の都市計画図
（シリア田園都市省、八木所蔵）

通りにあるスークやバザールがよく機能しており、土着の居住環境が巧妙に成立している。

それにもかかわらず現地出身の同僚は外来の方法論に依存しようとしていた。彼らによる「近代の」計画理論に基づく計画に対して、八木は中庭式住居や現地の集落構成を用いた計画を提案した。そのさい、理論的に議論するために現地の建築や都市に関する既往研究を調べ始めた。すると、植民地を多く持っていたイギリスなどにそうした風土と建築に関する研究が多いことが分かった。さらに、それらの調査では得られない、現地で実際の住まいがどうなっているかを捉えるところにこそ、自身が現地に居住している意義があると考え、デザイン・サーヴェイを始めた。

八木は、当時の着想をクライメイト（気候）の語源であるギリシア語の「傾斜」になぞらえ、「地中海から山まで傾斜があり、場所によって植物も動物も違う。そういうのが家にも大切だというところからスタートした」と語る（筆者インタビューより）。師にあたる清家清の流れを汲み、八木の議論にも語源を絡めた説明が登場するが、このときすでに計画・設計とデザイン・サーヴェイが連続した思考のなかで行われていたことが分かる。

乾燥地域と湿潤地域の住居系の比較

乾燥地域であるシリアの住居計画から、現地の土着的な住居の成り立ちに着目した八木は、1974年に帰国したあと、改めて湿潤地域の住居系との比較によって、両者の特徴が明らかになるという着想に至った。その当時、複数地域の比較は、オルゲイやジオヴォニ、ケーニヒスベルガーなどが気候との関係を扱い、ラポポートが文化の表現として比較を行っていた。75年に客員研究員として赴いたクインズランド大学の熱帯

パプアニューギニアの水上住居。1975年

建築研究所で、八木はパプアニューギニアの調査を行い、湿潤地域の住居における通気性や、熱がこもらない開放的な住居の形について考えた。この後から茶谷正洋研究室において（当時は助手）、多くの調査を行った。

折しも、B・ルドフスキーの『建築家なしの建築』（渡辺武信訳、鹿島出版会、1976年）が翻訳出版され、当時、原研（東京大学）、布野研（東洋大学）、畑研（芝浦工業大学）をはじめ、いくつかの研究室が海外調査を開始していた。茶谷研究室ではインドネシアのトラジャの住居を調査することになった。トラジャの調査では、建築の構法にも観点が広がる。それは、茶谷が構法に興味を持っていたということもあるが、シリアの都市計画での経験のように、いかに建築をつくるかという観点が八木のサーベイの根底にあったからともいえよう。八木は後に現代日本の木造構法の研究を行っている。

多くの大学が海外調査を行うことにより重複が発生したため、大学間で調整が行われるようになったのも、このころである。以上のように研究体制は、八木自身の研究、茶谷研究室としての研究、他大学（建築以外を含む）との共同研究、八木研究室での研究、というように発展していった。

GLOSSARY

『建築家なしの建築』 バーナード・ルドフスキーによるニューヨーク近代美術館での展覧会及び同展に基づいて出版された著作（1964年）。それまでの建築史では触れられなかった、世界各地に存在する自然発生的な土着の建築や集落を写真とともに紹介している。日本語訳の出版は1976年。

クライメイト・デザイン 物理的な材料によってできる物質としての建築だけでなく、その室内や周辺の微気候をデザインの対象とする考え方。建築の建つ土地の気候の分析とそれに応じた建築のデザインを行う。先駆的なものとしては、ヴィクター・オルゲイによる著作 Design with Climate（1963）がある。

八木研究室のフィールドと調査方法

茶谷研究室も含め八木研究室では場所に応じた調査方法を導入している。最も特徴的なのは、茶谷研時代に用いられた凧写真であろう。デザイン・サーヴェイでは、対象とする環境をいかに見つめるかという観点が求められる。そのための具体的な観察方法として調査方法や機材が開発される。

　茶谷研究室でおこなったヤオトンの調査においては、八代克彦（現ものつくり大学教授）隊長のもと、学生の仕事の分担も手際よく進み、平面や断面の実測はそれほど問題ではなかった。そのなかで上部からの写真がどうしても必要となり、最初に試みたのが、中庭の両端の木にロープを渡してカメラを吊るし、魚眼レンズで撮影する方法であった。結果として、ほとんど中庭しか撮れなかったため、木の上に登るなど他にさまざまな方法を考えた。

　東京に戻って次に考えたのはラジコン飛行機を用いて撮影する方法だった。ところが模型店で話を聞くと、飛ばして下ろすのがとても難しく、しかも、壊れたときに備えて2機は必要とのこと。他にもヘリコプターやバルーンなども検討した。そのうち新聞で室岡克孝が世界凧写真コンクールで1位になったというニュースを知り、彼に協力を求めた。室岡の協力により、研究室自作の凧が完成する。ヨットのスピネーカーの布をミシンで縫い、釣竿の先端部分でつくった骨組みに靴の紐で縛りつけて、東工大のグラウンドで練習をするまでになった。ヤオトンの調査では、毎回、凧を持って行き、空撮を行った。凧写真は八木研においてもインドで試みている。そのさい、国境近くで撮影を試み、警察沙汰になった。近年はドローンを用いた空撮が行われることもあるが、上空から集落の全容を把握するという視点は普遍的である。

　八木と茶谷・八木研究室の具体的な調査手法の変遷を見ると、国内外の伝統民家調査では、実測に基づく平面図・断面図の作成を基本とし、研究課題に応じて軸組図を作成したこともある。シリア時代から、1人で調査しなければならないことも多く、現地の子どもの協力を得て巻き尺で実測することもあった。目盛を刻んだ1mの棒を使っての実測は、1人で行うための発明である。パキスタンやインド、マカオの調査では、路地に溢れ出る生活用具など建築以外の生活要素も記

凧写真によるヤオトン集落の空撮。中国・河南省、1981年（東京工業大学茶谷研究室、八代克彦提供）

録し、物理的な建築と生活行為をあわせて都市を捉えるようにもなった。そのベースになっているのが、現地における空間の実測である。

八木が退職した際に研究室のOB・OGによって制作された世界地図には、八木研の研究フィールドが記されている。八木自身が語るように、研究のスタンスは「なんでも自由に、やりたい人がいたら、どこへ行ってもよい」である。フィールドの開拓者は苦労しながら1年目の調査・研究を終え、翌年は後輩が継承する。学生は、4年生で研究室に所属した場合、修士2年まで同じテーマを継続するので、3年目には立派なリーダーになる。そのなかで、庭園などの外部公共空間、街路など現代の都市空間、近代の住空間と地域性、歴史的建築の改修、といったフィールドが調査方法とともに展開していった。

旧市街の表通り。インド・アーメダバード、2000年（松田徹提供）

袋小路。マカオ、2002年（松田徹提供）

園林の廊空間。中国・蘇州、2004年（那須聖提供）、調査は1995年

自由が丘の街路。東京、2000年（清水加陽子提供）

ノイトラのロベル健康住宅。ロサンゼルス、1994年（那須聖提供）

バイルマメーア団地。オランダ・アムステルダム、2001年（田口陽子提供）

八木幸二と八木研究室のフィールドノート、図解

調査の記録は、平面と断面が基本となるが、研究成果をいかなる形で表現するかに、研究者の観点が現れる。記録としてのフィールドノートと、建築の図解を通して、建築や集落がどのようにできているかを明らかにすることができる。

八木は調査のさい、つねに、建築のつくられ方の仕組みと、それを表現するものとして平面図や断面図を意識していた。ここに八木のデザイン・サーヴェイに対する観点を見て取ることができる。「必死になって平面をつくって写真を撮る」「立体的なパースなどは記録性があまりない。スケッチとしては面白いんだけど……」「平面と断面はいつもセットで」（八木へのインタビューより）などの言葉に、空間を記述する方法としての平面図と断面図の重要性が現れている。それは同時に、設計において視野や見通しなどを検討する方法と一体となっている。

八木の研究の原点でもあるシリアや北アフリカにおける乾燥地域の住居研究は、平面の記述に始まり、規模による差異や構造も含めた住空間の物理的な構成のタイポロジーへと至る。そのなかで、庭と中庭の大きさに着目したグラフは、中庭を中心として一定の比率で構成される住空間の特徴をよく表している。

ソロモン諸島における集落の立地のように、島のなかで海と丘を結ぶ軸上に集落を位置づけ、限定的な範囲でも立地環境の差異を視覚化することで、気候区のような大局ではなく、微細な住環境の成り立ちを示している。

八木研究室でのデザイン・サーヴェイは、近代や現代の建築を対象としたものが多い。たとえば、那須のロサンゼルスにおける近代住宅調査では、現地の気候を生かした住宅の構成を理解するために、室内空間の連続性と庭への開放性に基づいた住宅のタイポロジーを提示し、シンドラーとノイトラという2人の建築家による住宅の敷地との関係を明らかにした。卜部祐加による渋谷の都市空間の調査では、公共的な場所として人が立ち入ることが可能な空間を悉皆的に調査し、三次元の立体マップにするとともに、フリーアクセス・スペースとしてその空間的特徴を明らかにした。

このような図解は、デザイン・サーヴェイの結果としてだけでなく、建築を構成する原理を思考するための資源となる。

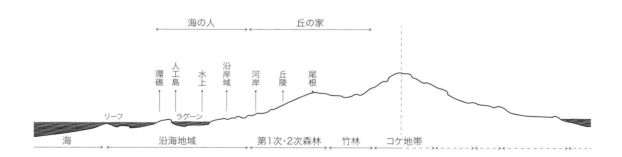

環礁

沿岸人工島

水上

沿岸域

河岸

丘陵　尾根

ソロモン諸島における集落の立地

2 デザイン・サーヴェイと設計　25

シャナハスの天幕住居。1972年

スパン数により異なる天幕住居の名称

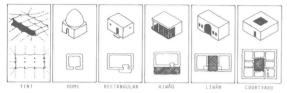

シリアの住居タイプ

シリアの住居の屋根。アレッポ近郊、1973年

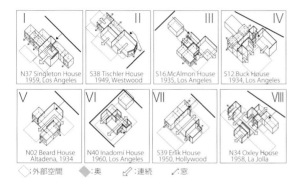

開放性と連続性による住宅の類型。
ロサンゼルスにおけるシンドラーとノイトラの住宅の場合（那須聖提供）

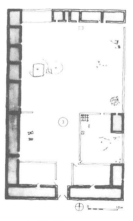
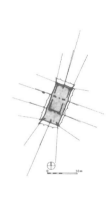

タイベの中庭住居とシャナハスの天幕住居の比較

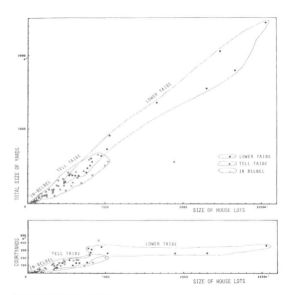

敷地面積との関係で比較した
シリアの住居の庭の総面積（上図）、および中庭面積（下図）

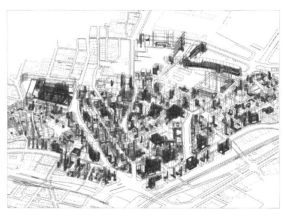

渋谷のフリーアクセス・スペース。2000年（卜部祐加提供）

デザイン・サーヴェイで得た建築の感覚を設計へ

八木研究室は、デザイン・サーヴェイを通して建築・都市の研究を行うと同時に、建築設計を継続的に行ってきた。建築家としての八木とフィールドワーカーとしての八木の姿勢が、研究室の活動の中で多くの学生に受け継がれている。

デザイン・サーヴェイには、研究目的における意義だけでなく、学生の教育という点でも意義がある。それを八木は「実測図そのものの価値のほかに、実測によって得られるスケール感覚が、意匠系の学生にとって貴重な気がします。建物単体としての実測と、集落全体の歩測や平板測量が個から群へ空間が広がるのを原理的に教えてくれます」と述べている（特集「建築計画研究の国際化」より「各大学での現状　東京工業大学の場合」日本建築学会建築計画委員会『建築計画ニュース』14号、1987年、21〜24頁）。

デザイン・サーヴェイを通じて得られる建築の感覚は、伝統住居にとどまらず、現代の建築にも通じるものである。実測を通して得られるスケール感覚は製図だけでは身につかないであろう。現地での生活を知れば、風土や環境といったものが建築形態のすべてを決定するのではなく、人間の空間認識やつくり方も建築形態に影響を与えることを知ることができる。このように、デザイン・サーヴェイとそれに基づいた研究に加え、建築設計の実践がひとつの研究室で行われる環境に意義がある。

デザイン・サーヴェイは、対象としたフィールドの文化や風土を理解するだけではなく、研究者自身の建築観や彼らの帰属する地域観を相対化し、理解を深めるのに作用していると考えられる。

シリアでのデザイン・サーヴェイは、当初、地域計画において、風土に基づいた建築の議論を行うためのものであり、設計行為と根本的なところで結びついていた。その後、乾燥地域と湿潤地域の住居比較のためのデザイン・サーヴェイと並行して、日本で建築設計活動が行われた。乾燥地域の住宅にあるような、中庭

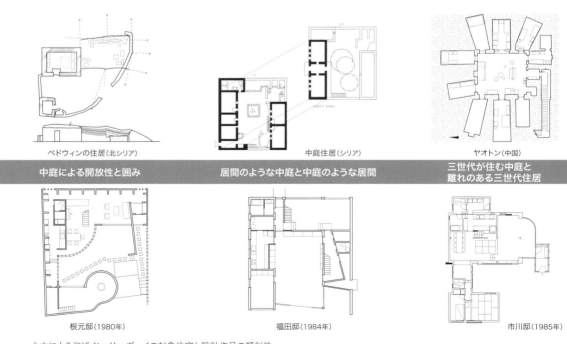

八木によるデザイン・サーヴェイの対象住宅と設計作品の類似性

状の空間によりまとまる住居のように空間と生活が結びついたものや、家族を象徴する屋根型や道路斜線を生かしたドーム形状など、形に影響を受けたものがある。近年のマカオの研究では、歴史的住環境としての都市および建築の調査を行い、それがIIUM（現USJ）大学の設計につながった。設計の根拠を思考するために始まったデザイン・サーヴェイが、設計と相互に影響を及ぼしあうようになり、さらにはデザイン・サーヴェイによる風土と建築の考察が、風土に根ざした建築のあり方の創造につながっていったといえよう。

学生時代のインターンに始まり八木が歩んできたフィールドでの経験を象徴するものとして、オランダのアムステルダムにおけるオラニエ・ナッソウ集合住宅があげられる。文化・風土の異なる7ヶ国からオランダに集まった建築家が共同でひとつの作品を手がけた。計画を統括したハンス・ファン・ベーク（アトリエPRO）により、国際都市アムステルダムにふさわしく、さまざまな背景を持つ海外の建築家の参加が決められた。住民代理人の建築家も含めて1週間のワークショップを行い、その後のシンポジウムを経て、案が吟味され、6人の建築家がそれぞれ1棟の設計を担当した。八木は運河から立ち上がる生け花に見立てた

ファサードを提案し、他の建築家もそれぞれの国柄を感じさせる提案を行った。調和を重視するアムステルダムにあって、結果として住民代表の意見は、6棟それぞれが設計者の出身国のイメージを感じさせることを望むものだった。デザイン・サーヴェイが研究者の持つ背景に少なからず依存すると同時に、その背景を見直す機会になるように、建築設計もまた、建築家の背後にある文化と、建築のつくられる地域の文化や環境との相互交流の場になるのである。

アムステルダムNONK集合住宅。1992年（全体計画：ハンス・ファン・ベーク+アトリエ。PROタワー部：八木幸二、アレクサンダー・トンバジズ、クノ・ブリューマン、パトリック・ピネル、タイエ・リネボルグ、ジェレミー・ベイリー）

トラジャの集落（インドネシア）
屋根型による家族・三世代の象徴

パオ（モンゴル）
道路斜線との格闘がパオのような屋根に

樹上住居（ソロモン諸島）
セルフビルド・セルフヘルプの樹上住居

市川邸（1985年）

浦部邸（1987年）

山小屋（1985〜89年）

3 日本の住宅と住宅地を変えるために

―― 千葉大学 服部研究室　服部岑生

活動期間：1969〜2006年
主なフィールド：全国、ヨーロッパ諸都市
研究室キーワード：建築計画的アプローチ、囲み型住宅、街区の残余空間

「標準型」の住宅計画への疑問

　服部が千葉大学に赴任した1969年当時、その研究活動の中心は戸建住宅地のデザイン・サーヴェイだった。とくに、千葉県農村部（1970〜75年）のほか、秋田や山口、富山などの優良とされた戸建住宅地（1975〜82年）が対象であった。

　服部は、当時、標準型の住宅づくりが続けられていることに疑問を抱き、そのような住宅づくりを変えるためには何を手がかりにすればよいかを考えていた。公共住宅や工業化住宅は、供給者側の目線から標準化されている。もし、その標準化が適切であるならば、居住者は供給される住宅に満足しているはずだし、そのような住宅で構成される住宅地も優良な住宅地になっているはずである。しかし、現実にはそうなっていないことがしばしばある。標準化している住宅を変え、最も優良な戸建住宅を計画する方法を模索することが、服部のテーマとなったのである。そして、琵琶湖の湖畔や六甲の南斜面で、方位に関係なく、景観の良い方向に居間の開口部が向いていることを発見する。そのことをきっかけとして、普通の市民がつくった住宅のなかに、標準化を超えた住宅の理想形があるという考えを抱くようになっていった。

　服部は日本全国の戸建住宅地のサーヴェイを進めていった。函館、秋田、富山、金沢、長崎、山口、大津のサーヴェイを通じて、戸建住宅の群において、個々の住宅計画が他と調整しながら行われていることを発見した。服部は、このように、標準設計とは異なるタイプの住宅を探した。そして、住宅同士の、住宅と景観との、自然かつ相互的な調和関係を「インタラクショ

ン」と名づけている。

　さらに服部は、秋田の調査で、当時の標準性に再考をうながす新たな発見をした。「続き間住宅」の発見である。続き間住宅とは、和室が2室以上連続している間取りである。都市では、供給者側が標準化のもとに居住の原理を居住者に押しつけているのに対し、地方では続き間住宅が生き続けていた。そこには、どのような意味があるのか。服部は、この続き間住宅の研究から、伝統文化を継承しそれを活かすにはどうしたらよいかを考えるようになる。そして、この一連の調査から、徐々に学会のみならず産業界にも提言するようになっていった。

囲み型住宅の計画的側面

　その後、服部の関心は、小さなスケールの住宅を起点にして、周りの住宅、その街区やさらに街へと徐々にスケールが大きくなるなかで、住宅のデザインや住まい方はどのように工夫され、調整されていくのかに移っていった。服部は、そのような様態を「自己調整」という言葉で表現した。服部は、自己調整をしながら優良な住宅地が形成されるには、都市建築関連の法制度や居住環境の特徴などに配慮した建築計画が必要であると考えるようになっていった。

　その後、1980年代に西ドイツに留学していたとき、服部は中庭を住棟で囲む「囲み型住宅」をシュトゥットガルトで見つけた。服部は、日本にいた当時、集合住宅は平行配置するものだと思い込んでいた。しかし、自らがドイツで体験した囲み型の集合住宅は、ヨーロッパでは普通の様式であると認識した。

　当時、海外の団地や公共住宅の調査研究はそれなり

に行われていた。しかし、住宅地計画は平行配置という結論ありきで調査がなされていた。だから、平行配置を否定する要素はなかったのだが、服部は、結論ありきの調査を避けるべきだと考えていた。そのようなこともあり、囲み型住宅の構成やその意味、空間構造を明らかにすることに、服部の研究の重点は移っていく。どのような建蔽率、容積率、街区、日照状態、住宅規模のときに囲み型住宅が成立し、そのとき中庭のしつらえや中庭と居室の関係はどのようになっているのかを、服部は深く探求していった。

そして、同時に、欧米で集合住宅と住宅地についての調査研究を精力的に行うようになっていった。

当時、ヨーロッパの集合住宅計画の情報は、イギリスやフランス、ドイツの建築雑誌などで詳しく紹介され、日本でも検索可能であった。そして、1970年代中ごろから、ヨーロッパの諸都市で計画された囲み型住宅の事例が紹介されていた。図面上での分析や数値解析は、日本にいても十分可能だった。しかし、図面からだけでは計り知れない、現地で実物を見ることでしか分からないことも多かった。たとえば、道に沿って建てられる住棟と街との関係、1階に店舗がある場合の店舗の種類、中庭に自由に入れるのかどうかなど、さまざまなことが未知であった。

服部は、平行配置にかわる新しい住宅地計画、住宅街区のあり方を日本に伝えるために、現地でのサーヴェイと専門家へのインタビューを行った。「量から質の時代」が到来した時期であることもあいまって、未来を見すえての住宅づくりが課題となっており、欧米の先進的な住宅地の視察を、住宅・都市整備公団の職員や住宅関係者とともに行うようになったのも画期的なことであった。これらの成果は、服部が後に関わる幕張ベイタウンの住宅地計画や長野オリンピック選手村の住宅地計画に活かされていくことになる。

ヨーロッパの都市居住の構成を探る

その後、研究室をあげて海外でのフィールド調査を行うようになる。イギリスのビバリー（1995年）、スウェーデンのストックホルム（1997年）、イギリスのシェフィールド（2000年）などがその代表である。既成市街地の都市居住において、街と住宅の関係、街区の空間構造、残余空間の構造を建築計画的に明らかにしようとするものであった。

そのころになると、都市居住の形式や形態の議論が日本においてさかんになっていた。しかし、あるべき都市居住の姿は見出せていなかった。建築単体の枠組みに留まる建築計画と、最終的な住宅街区の空間像を提示しない制度や都市法との間の断絶にその一因があると考えられた。そこで、建築計画的な構成から都市居住のイメージを考えることが目指されるようになる。

ヨーロッパの既成市街地では、地区的スケールで住宅や建築を計画し、居住環境の向上を図る。すなわち、個別の計画が街区や市街地の全体像を生み出しているのである。服部研究室も、個別計画と市街地のこうした関係にフォーカスした。そして、市街地を構造化し、可視化するために、現地におけるサーヴェイは欠かせなかった。既成市街地は自然発生的にできており、それらをトータルに知りうる資料はほとんどない。そこで、その全体を知るために現地に赴くようになったのである。助手や博士課程の学生によって調査チームが編成され、現地において数日間にわたって訪問調査やインタビュー調査が行われた。

ヨーロッパの都市居住を伝統と現状から分析することにより、都市居住が個と全体の構造からできているという仮説を提示した研究室だが、調査を通じて、ストックや街のコンテキストを活かしながら、都市居住が維持されるものであることも、後に明らかにした。

このような調査を経て、服部は、スモール・グループ・ハウジング（SGH）という概念を生み出した。その後の研究では、日本における新しい市街地像として、このSGHを広めていくことに注力するようになった。

GLOSSARY

建築計画的アプローチ 市街地や都市居住の課題を建築単体の構成として捉えようとするアプローチ。建築同士、建築と外部空間、建築と人、建築と環境の各関係性を捉えていく。
囲み型住宅 主にヨーロッパ諸都市の都市居住の一般的な形式。街路に面して住棟を配置し、街区中心部に中庭が配される。
街区の残余空間 都市の街区内の中庭や路地などの非建蔽部分で、生活やコミュニケーションが行われる中間領域の空間をいう。

服部研究室におけるフィールドワークの方法

服部研究室では、建築単体から都市や地域を捉える訓練から始まり、新たな住宅や住宅地づくりのヒントを得るための戦術としてフィールドワークを行ってきた。

研究室では、毎年6月ごろ、新たに研究室に配属された4年生と大学院生で、日本の諸地域にフィールド・サーヴェイに行くことを常としていた。研究課題によっては、海外でのフィールドワークも行われた。

服部研究室のフィールドワークの目的は、対象となる建築物の構成を深く探ることである。そのなかでも、とくに中庭や路地などの中間領域の使われ方やその意義、意味といった質的な分析に重点を置いていた。

対象とする住宅や住宅地、市街地は、図面や詳細地図を調達できる場合が多かった。だから、図面から諸元を計測でき、状況を推理できる場合もある。しかし、住宅廻りの状況やしつらえの実際、敷地境界の状況、建築用途など、多くのことは把握できなかった。

フィールドワークでは、このように図面で分からないことや計り知れないことを、あらかじめチェックリスト化しておいて現地に赴く。そして、現地で現物を見たり計測したりすることにより、データを図面や地図に埋め込んでいく作業が中心となる。さらに、居住者へのインタビューやSD法などのアンケート調査によって、住宅と住宅地の新たな計画方法を求めることもあった。

ドイツ・カールスルーエの囲み型住宅。1990年

囲み型住宅の調査より。ドイツの建築雑誌の図面では1階部分の使われ方が分からなかったが、現地で調査することで、用途の多様性や、道路や広場との関係性が初めて分かった。
ドイツ・カールスルーエ、1990年

3 日本の住宅と住宅地を変えるために

ビバリーの街区内の調査より。街区内の外部空間の使われ方としつらえの意味などについて居住者にインタビューを行った。
イギリス・ビバリー、1995年（真境名達哉提供）

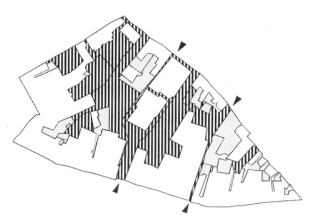

街路から入ることができる街区内中庭空間

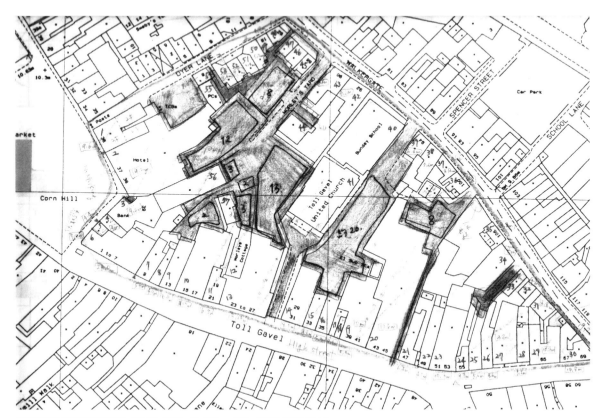

既成市街地の外部空間の使われ方を、目視とインタビューによって明らかにしていく。
街路から入ることができる中庭空間を発見するために作成された図。イギリス・ビバリー、1995年

フィールドワークは事実認識の練習でもあるし住宅を変える武器でもある

服部研究室のフィールドワークにより、学生たちは、現状を認識する能力を獲得した。フィールドワークを基礎とする研究成果により、博士が多く輩出され、そのなかには大学の教員となっている者も多い。

「続き間型住宅」や「囲み型住宅」などの研究は、既存の住宅や住宅地計画のあり方を批判するものだった。既存の建築計画研究が、行政的な標準建築を補強するものであった点を批判するために行われたのである。また、現実の住宅や住宅地計画について、服部は、公共・民間の供給主体と実務を多くこなし、提言や共同研究により多くの成果を残してきた。幕張ベイタウンや長野オリンピック選手村（現在、今井ニュータウン）では、住宅計画アドバイザーとして新しい住宅づくりを率いていった。

服部研究室では、現状を正しく認識することは、すべての物ごとの基本であるとされた。研究室に配属された学生は、まず事実認識を徹底的に教育された。

フィールドワーク自体が服部研究室のテーマであったわけではないが、事実認識のための手段としては不可欠のものであった。

そのような環境に置かれ、物ごとを深く見る能力を持つようになった学生たちの多くは、卒業後も、住宅や住宅地の計画に関する企業で活躍している。また、研究者として独り立ちし、後進を育てている者も多い。とくに、1990年代後半から服部が千葉大学を退職する2006年までの間は、一般市街地や住宅地の外部空間、原風景の研究テーマが多くなり、当時の大学院生が、フィールドワークの企画や実施に主導的な役割を果たしていた。

服部は、住宅計画のアドバイザーとして、住宅地計画のコンセプトである中庭型集合住宅、街区型集合住宅の実現に向け建築計画を指揮した

長野オリンピック選手村（現在、今井ニュータウン）

3 日本の住宅と住宅地を変えるために 33

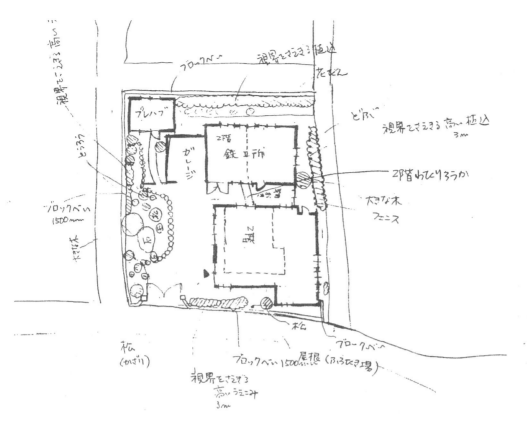

全国戸建住宅地調査より。外部空間や外構のしつらえまで含めて一軒一軒の住宅を調査し、
配置図を並べていくことで、住宅相互の関係性を明らかにする。1980年

長野県須坂の街区内調査。1996年（真境名達哉提供）

須坂の外部空間調査より。「庭」「アクセス空間」「その他」
に色分けして表現し、それぞれの位置やつながり方を分析
する（真境名達哉提供）

4　半透明空間研究と高密度高複合都市研究

―――― 早稲田大学 古谷研究室　古谷誠章

活動期間：1995年〜現在
主なフィールド：タイ、モンゴル、韓国、中国、台湾、香港
研究室キーワード：半透明空間、マド（間戸）、ハイパーコンプレックス、8ミリ魚眼、観察力と洞察力

最初のフィールド――ハイパーコンプレックス

　古谷研は、研究室のなかに研究テーマごとに分科したゼミが複数あり、これらはすべて古谷から端を発したものである。これらのゼミは、研究室として20年以上が経過し、それぞれに独自のフィールドをもって深化してきた。そして、古谷、古谷研のなかで再統合され、新たな視点を獲得し、またフィールドに赴く。その過程が古谷研らしい特異なところであると私は考える。

　古谷にとって生まれて初めて訪れた外国は香港であった。夜、まだ古い九龍の空港に着くと、真正面に九龍城があり、その夜景と熱気のなかを通り抜けていったのが最初の外国体験であった。やがて、九龍城に感じた不思議な魅力について考えるようになる。なぜ、あのように、近代的な鉄の扉で区切られたマンションではなく、かなりの高密度で居住環境が怪しげに溶け合っているような空間に、多くの人が集まって住んでいられるのか。快適というのはさまざまな考え方があるが、混沌としたなかにもある種の快適さと秩序を保って人がどのように暮らしているのか。相当な高密度であると同時に、古谷が「ハイパーコンプレックス」と言っているような、いろいろな機能や領域が複合することによる作用が働かないと、九龍城のような居住環境はできないのではないか。古谷は、土地が極端に限られ、人口密度が高い環境で、人が折り合いをつけて、それなりに快適に暮らしていくためのアイデアが、高密度高複合な状態ゆえ生まれたのではないか、と直感的に考えた。

メディアテークとフィールドワーク

　古谷研におけるフィールドワークの始まりは、じつは「せんだいメディアテークコンペ」だ。このとき古谷が考えていたのは、情報空間が発達して、人やモノが場所に縛られる必要がなくなったとき、現実にあるリアルな空間というのはどういう価値や意味を持っているか、ということ。結果は落選であったが、その直後、古谷研のワークショップのためタイを訪れてリアルなフィールドと向かいあったとき、メディアテーク応募案として取り組み始めていたものの重大さ、可能性に気がついた。こうしてタイをフィールドにサーヴェイが始まった。

　「早稲田の建築」では「発見的方法」や「考現学的手法」ということをよく言う。その意味を、古谷は、自然発生的にできあがっているもののなかに何かエッセンスがあるはずで、そこから学ぶということ、と言う。そのためにはやはり現場に出てよく観察するという訓練が必要になってくる。そこで手始めに、欧米諸国より比較的行きやすいアジアをフィールドにした。当時アジアは、見るものがたくさんあるにもかかわらず注目されず、皆あまり行こうとしなかったため、少し強引にでも連れて行きたかったと言う。ここから今のアジア各地でのフィールドワークに至っている。

「マド」の研究、そして半透明空間研究へ

　古谷研にはアジアをフィールドにしたゼミが2つある。主に集落を対象とした半透明空間研究と、都市を対象とした高密度高複合都市研究である。半透明空間研究は、古谷による「マド」の研究を源流としている。

　「窓」というものは、穴のあいている部分とその穴を補強するための縁がかりからできており、voidとedgeから成り立っていると考えることができる。保坂陽一郎が、著書『空間の演出　窓――デザインヴォキャブラ

リーとしての展開』（彰国社、1984年）で提唱した、この void/edge からなる「窓」は、西洋的な窓を対象としており、その最も究極的な姿は洞穴住宅だ。たったひとつの開口部から人間自体も入るし、空気も風も景色もすべてそこから入る。この姿がひとつの原点になっている。

　対して古谷は日本の「窓」を捉えるとき、日本語の語源である「間戸」に着目した。ルーツを辿りながら、filter と frame からなるものではないかという仮説を立てた。「間戸」は、屋根と柱があり、間の部分があいているところを必要に応じて適宜ふさぐ。明かりだけを取り入れ風や景色を塞ぐ明かり障子もあれば、光も風も取り入れるが動物の侵入は阻みたいという格子戸もある。ここではいろいろなカタチで選択的に何かを透過させる「filter」が働いている。しかし filter だけでは成立できず、自立させるためにはどうしても frame が必要となる。そこで、衝立も「間戸」ではないか、洞穴が void/edge の究極だとすると、衝立は自立した究極の「間戸」なのではないかという結論に達した。衝立が「間戸」だというパラドックスが最初のころに書いた研究の結論となった。以来「マドの研究」として「窓」と「間戸」を対置して考えてきた。しかし、世の中のマドには、洞穴のように全透明なものはほとんどなく、自立する完全な衝立だけというものもなく、全透明から完全不透明までの中間にあるのではないか。その後研究は、半透明な「マド」に加え、半透明な「空間」を対象とすることに移行することになる。全部ふさがれて不透明になっていることもなければ、全部開放されて完全に透明になっているものもない。およそ人が住む空間は必要なものを取り入れて、不必要や害になるものは遮断しているという半透明な状態にある、としてコンセプトを一段押し上げ、「マド」の研究から空間そのものが半透明なのではないか、と置き換えていった。

メカニズムの体験、高密度高複合都市とは

　半透明空間研究とは対照的に、高密度高複合都市研究では、ある種混沌と見えるアジアの都市が、じつは秩序だっており、建築空間のみならず、法や市場といったさまざまな要因によって形作られていることを解き明かすことを命題としているゼミである。

　都市を動かしているメカニズム。都市のシステムというと、ともすると、何者かにより設計されたように感じるが決してそうではなく、現に都市を動かしている原動力としてメカニズムがあり、都市を動かしているのはもちろん人間だ。イタリア山岳都市のマテーラにおいて、石の町がなぜ崩れてしまうのか？　それは、本当はそこに住んでいた人たちが血液のヘモグロビンのような働きをしていたからなのではないか。彼らがいなくなると町は血の抜けた人体になり、自然崩壊してしまう。人体も石の町も同じことだ。

　この原理は、どこの都市でも働いていて、働き方が異なる。たとえば、バンコクが一見混沌としながらも、授業が終わるころになるとどこからともなくスイーツの屋台が女子大の前に集合して整然と屋台街をなすようなメカニズム。九龍城が混沌としていながら、治安を保っていたメカニズム。あるいは香港の大澳の水上棚屋のように、ご飯を食べているときに他人がダイニング脇を横切っていくような都市の重なり合いとそれを可能にしているメカニズム。中国河南省ヤオトンで、雨水の浸透によりヤオトンが崩れてしまうことを防ぐために、おばさんが一生懸命草むしりをしているメカニズム。

　好奇心に突き動かされること。自分で自分の身を、意識を運んでみることが大切。訪れたフィールドで、自分にはものがどう見えるか？　そこにいる時間（期間）に何を考えるか？　フィールドに身を置いたときにどういう思考が頭のなかに浮かんでいるか？　異郷に身を置いて、考え、体験し、感じることが大切だ。

―――――――――GLOSSARY―――

せんだいメディアテークコンペ　1995年、磯崎新を審査委員長として行われた設計競技。あらゆるメディアを収蔵・閲覧・鑑賞可能な「メディアテーク」という提案に対し、「情報社会におけるリアルな空間の価値・意味」の回答を得ようとしたことから古谷のフィールドワークが始まった。
発見的方法　地図を描きながら、自分の周囲についての認識を発見する、吉阪隆正が提唱した方法。自ら地図を描くことによって、その土地に対する新たな視点と視野、価値観を得ようとするもの。
考現学的手法　過去の遺跡などを研究対象とする考古学に対し、現在ある街並みや食、服装などの生活を調査・研究し、文化や風俗を分析する手法。今和次郎が提唱した。

古谷誠章のフィールドノート

古谷のスケッチブックには、フィールド調査の目的となる空間や都市のメカニズムに関するもの以外にも、ありとあらゆる経験・出来事がこと細かに、ときにユーモアや可笑しみをもって記録されている。

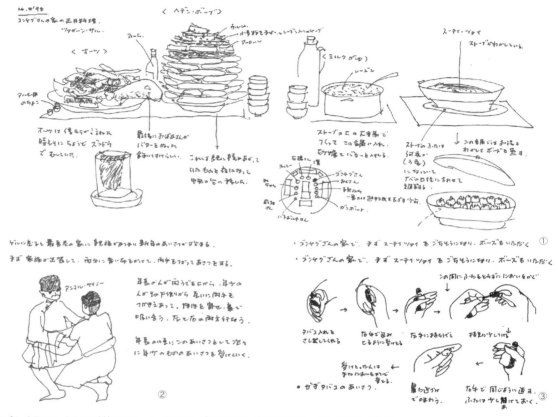

モンゴル・ウランバートルでの新年のスケッチ。1998年　①正月料理　②新年の挨拶　③かぎタバコの挨拶

　古谷はフィールドワークに出ると、目的の調査以外にも、ありとあらゆる出来事を詳細なスケッチと文章で日記として記録していく。現地の食べ物を現地の言葉で話せるようになることが現地の人と仲良くなれる秘訣である、と古谷はいう。

　フィールドワークを始めた初期のころ、季節によって服を重ね着して過ごすというゲルの住宅が持つ半透明性に驚嘆して、夏と冬の年2回訪れていたモンゴルでは、ゲルや民族衣装のスケッチはもちろん、正月の伝統料理の作り方や食べ方、ゲルのなかで座る席に至るまで細かに記録されている。香港のあるレストランに行った際のスケッチからは、古谷が「とても活気がありスケールの大きい勢いのあるレストラン」と言う通り、とても密度が高く賑々しい空気が強く感じられる。「新しいものだが古くもあり、また、スタイリッシュに気取ったものもある、タイルばりの大浴場みたいな空間だった」と古谷はスケッチを見て振り返る。

　また、タイでの初めてのフィールドワークの際は、出発前夜に皆でタイ料理店に行き、事前学習をした。その土地のものを食べ、その土地の話を聞き、その土地の住居に入れてもらい、現地の人と深く触れ合いながらフィールドワークを行うということが、古谷研のフィールドワークにおける大切な習慣となっている。

4 　半透明空間研究と高密度高複合都市研究

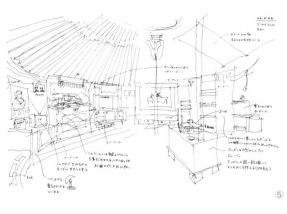

モンゴル・ウランバートルの日常を視察し、風俗を記録。1998年（⑧のみ1997年）
④広い草原に暮らす遊牧民　⑤ゲル内部のスケッチ　⑥草原遠景のスケッチ　⑦遊牧民の民族衣装　⑧ホーミーのコンサート

中国の街並み
⑨朱紫房、2007年
⑩朱家角、2001年

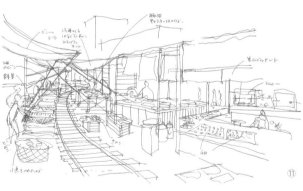

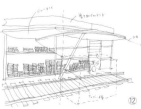

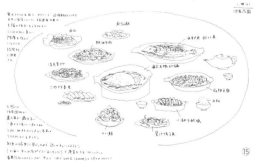

タイ・クロントイスラムのレールウェイマーケット。1998年
⑪列車の通り過ぎた後はたちまち元の市場に戻る
⑫人々はテントをたたんで列車をやり過ごす
⑬列車の通り過ぎる瞬間

香港のレストラン。2001年
⑭混沌としたエネルギーに溢れている店内の様子　⑮食事の記録

古谷研究室がフィールドで記録し分析したもの

古谷研究室のフィールドワークでは、野帳やスケッチ、実測、住民などへのヒアリングのほか、8ミリ魚眼レンズを使用した独自の手法が行われてきた。また、集落等居住空間を対象とした「半透明空間研究」とアジア（東・東南アジア）を中心とした都市部での「高密度高複合都市研究」という2つの対照的な研究が並存しているのも特徴である。

古谷研のフィールドワークにおける半透明空間研究は、韓国・南沙村での調査によって本格化し、そこで8ミリ魚眼レンズによる調査・研究手法が確立された。

この調査方法の発見・確立は韓国の「マダン」と呼ばれる掘り込まれた中庭がきっかけだった。マダンを中心に、そのレベル差によって同じ空間（平面図）にもかかわらず透明性が変わる、ということを発見し、これをなんとか数値化して定量的に研究することができないかと考え、選択されたのが8ミリ魚眼レンズでの撮影であった。当初はレベルごとの平面図によって、遮るものと遮らないものがどうあって、視界がどう抜けるかということを図化しようとしていたが、うまく数値化できないもどかしさを感じていた。それが、8ミリ魚眼レンズを使用すると、完全に視覚的に見えているものと見えていないものを数値化して定量的に分析できる。半透明空間を表現・記述するにあたり、心象的に感じる透明感や閉鎖感を数値的に裏づけられるツールとして有用な手法であった。

フィールドワーク研究においては同じ調査地に何回も行くということも重要である。都市や空間は「いつも工事中」であるというのが古谷の持論だ。フィールドワークというのは、そのときの古い状態を固定的に調べるよりは、そこが絶えず現代化して、どういうふうにいつも工事中なのか、メカニズムが働いている状態を見ることに意味がある。

マドの研究からくる半透明空間のフィールド調査をする傍らで、香港やシンガポール、バンコク、クアラルンプール、北京、上海、台北などアジアの大都市の中心部が持っている、少しカオス的なエネルギーのなかでしか出てこない新しい創造性を見て回りたい、というところからアジアの都市研究も並行して行われている。高密度高複合の都市のなかに、まさにメディアテークで実現しようとしたもののルーツのようなものがあることを感じていたのである。

どちらの研究も、現場に行って、その熱気のなかで街を歩き、都市のシステムや空間を身体で感じなければ分からない。

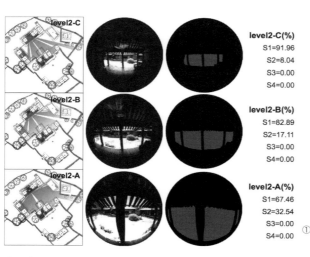 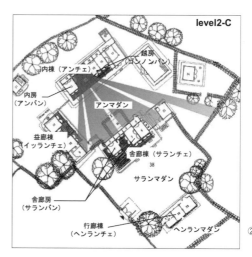

韓国・南沙村での調査。2004年（出典：鄭静「韓国南沙里における視界の開放性と閉鎖性による空間特性」博士論文、2004年）
①魚眼レンズによる透明性の比較調査。視点による透明性の違いを定量的に分析する　②Level2-C視点からの可視区域

4 半透明空間研究と高密度高複合都市研究　39

香港大澳の水上棚屋調査。2014年　③野帳をもとにした平面分析図　④水上棚屋のスケッチ。2000年　⑤野帳　⑥写真

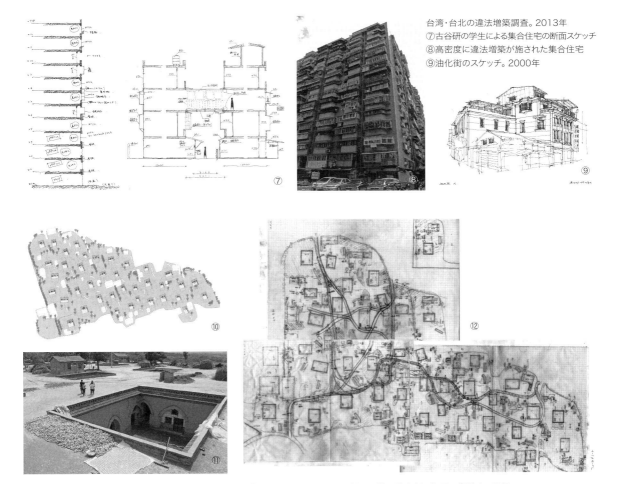

台湾・台北の違法増築調査。2013年
⑦古谷研の学生による集合住宅の断面スケッチ
⑧高密度に違法増築が施された集合住宅
⑨油化街のスケッチ。2000年

中国・河南省のヤオトンの下沈式窰洞住居調査。2008年　⑩野帳をもとに作成した分析図　⑪下沈式窰洞住居　⑫学生の野帳

フィールドワークと作家論研究、設計活動の三位一体

せんだいメディアテークで構想されたものの可能性の在りかを求めることから始まったとされる古谷研のフィールドワークは、研究室のもうひとつの柱であるスカルパ研究、そして設計活動と三角形をなして回るメカニズムとして発展していった。

古谷研でのもうひとつの研究の柱であるカルロ・スカルパ研究は、フィールドワークにおける半透明空間研究と同じく「間戸」が端緒となっている。

「filter / flame」の間戸についていろいろな事例を探していくと、スカルパ建築のなかから多く見つけることができる。スカルパは、既存躯体に対して何かを行う、改修するというときに、あいてしまったスペースのなかにどのようにフィルターを置いていくか（柱梁で構成されたフレームに障子を立て込むかのように）という思考の順番が宿命的にあったのだろうと古谷は考えている。そこに日本の影響があるのではという者もいるが、スカルパはそれ以前に、もっと素朴に、所与の与えられた間（スペース）に対して、どのように場所を囲い成立させていくか、何を遮っていくのかという、間戸的な発想で設計していた、と古谷は捉えた。

フィールドワークにおいて自分がつくる（設計する）視点を持っていないと、当然ものを漫然と、第三者的に観察することになる。自分がつくるということにな
ると、見えてくるものが俄然違ってくる。ところが、それをただアノニマスなものからヒントを得てつくっていくだけではデザインモチーフハンティングみたいになり、デザイン・サーヴェイ自体が皮相的なものになってしまいがちである。そこから汲み取るときには、こちら側にも汲み取るための理念の構築が必要だが、成果を上げている作家がどのような意図を持ち、どのような表現をして、あるいは何に影響を受け、何をモチーフにして、自分のデザインにどう昇華したかというプロセスを学ぶ必要があると古谷は言う。そのため、古谷のスカルパ研究は「設計意図とその反映に関する研究」となっている。デザイン論ではなく、これらのプロセスが果たして見る者にどう影響し、印象を与えているかを読み取ることが目的である。

古谷研究室において、フィールドワークでの調査を始めて以来、片方で作家の設計意図にあるデザインモチーフやアイデアの作家論研究、そしてもう一方でそれを実践してつくる設計活動という三位一体で活動す

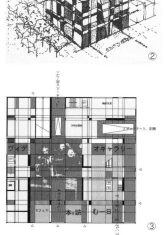

せんだいメディアテーク設計競技案（浅川敏撮影）　①模型　②コンセプトスケッチ　③平面図

4 半透明空間研究と高密度高複合都市研究　41

④⑤カステルヴェッキオ美術館（C・スカルパ設計）
⑥バウハウス「アジア複合都市」レクチャーの準備。「半透明空間 window vs mato」

狐ヶ城の家。1階広間（新建築社写真部撮影）　ZIG HOUSE / ZAG HOUSE。ZIG HOUSEの2階からZAG HOUSEを見る（松岡満男撮影）

ることができるようになった。

　フィールドワークという発見的手法は、自然と設計をするときのクリエイティブな、基礎的な原動力になっている。設計行為、プロセスを通じて、それまで漫然とフィールドで見ていたアノニマスなもののなかに、あるいは作家の作品のなかに、発見的なものが見えてくるという。そんなぐるぐる回っているような関係がフィールドワークと作家論、設計にあると古谷は言う。

　古谷が建築学科に入った1年生に対していつも話していることは、観察力と洞察力、少なくともどちらかを鍛えるということが建築を志す者に必要だというこ

とである。人と同じところを通り抜け、人の3倍ものが見られれば、それもひとつの観察力。ぼんやりしていて人の3分の1しか見られなくても、それを10倍深く考えることができれば、それも優れた洞察力。そのいずれかは絶対に鍛えることができるのだ。

　だんだんと理論構築ができ、さらに深めて自分のアイデアとして再構築するためには、何回も考えること、もしくは人に何回も説明しようとすることが必要となる。そのチャンスを執拗に与えてくれるということもフィールドワークを続ける大きな意味のひとつである。

II 集落世界をあぶり出す

5 集まって住む

―― 芝浦工業大学 畑研究室　畑　聰一

活動期間：1973〜2008年
主なフィールド：伊勢湾、南西諸島、東アジア、南ヨーロッパ、東南アジア、マグレブ
研究室キーワード：設計、計画、比較居住文化研究、共存、民泊

きっかけ

　畑聰一は、1966年に大学を出た後に設計事務所で1年半働き、68年に早稲田大学の穗積研究室に進んだ。そこで東京芸術大学グループや明治大学・神代研究室、オレゴン大学などの詳細なデザイン・サーヴェイにふれることになった。JRの前身の国鉄が伝統的な街並みへ誘うディスカバージャパンの旅キャンペーンを図ったころだった。そうした社会の機運と、畑が関心を持ち続けた集合住宅の計画とが自然に結びついた。

ギリシャ

　フィールドワークを体験したいという気持ちを徐々に強めていった畑は、ルドフスキーの写真集 *Architecture without Architect*（Double Day & Company, 1964）を見てギリシャの島々に関心を持った。そこにさらなる影響を与えたのが鈴木恂である。早稲田のU研究室で吉阪隆正に師事した鈴木の事務所でヨーロッパの街や村の写真を何度か見せてもらったことで、畑はますますヴァナキュラーな空間に魅せられていった。旅は身軽な学生時代にしかできないと決断した畑は、1972年、博士課程2年目の秋、バイカル号で旧ソ連のナホトカに向かった。情報の少ない東欧にも興味があったが、本命はギリシャだった。旧ソ連ではつねに監視されたり、ブルガリアでは民宿を日々転々としたりと、東欧での旅はきつかった。しかし、ユーゴスラビアに入ると自由な空気に包まれた。その後たどりついたギリシャも含めて、結局、7ヶ月半の旅になった。

　ギリシャでの畑は、アテネを基点にエーゲ海の島々を転々と巡った。1日5ドルほどでユースホステルや安宿に泊まることを繰り返した。さいわい島嶼の人たちは素朴で、見慣れぬ日本人に好意を持ってくれた。顔なじみになると家に招かれるなどして、充実した日々を送った。

　このようにしてギリシャ島嶼部で数ヶ月を過ごしたときの経験が、後の芝浦工業大学での研究活動に結びついていった。

集落のフロッタージュ

　1972年にギリシャから帰国して、73年から早稲田大学や芝浦工業大学の非常勤講師となった畑は、2年目から後者で卒論指導にも関わるようになった。そして、翌74年から待望のフィールドワークを研究室で始めた。はじめに手をつけた伊勢湾では、5年の間に8集落（神島、菅島、篠島、日間賀島、桃取、答志、和具、坂手）でフィールドワークを行った。

　研究を始めた当初、ノウハウなどなく師事する者もいなかった畑が参考にしたのは、敷石の目地までも克明に写し取るようなモルフォロジー（形態学）という分野である。畑がそれを知ったのは、アテネの大学に立ち寄ったときである。立面なども現物と同じように細密に表現する手法を参考にして、畑は、研究室の学生に、目の前にあるものを、私見をはさまず、ありのままに写し取るようにと指導した。いわば、集落のフロッタージュ（こする）である。克明に写し取ることから分かってくるものがあるはずだという発想である。畑研究室の図面の特徴は、建物だけでなく、そのなかに克明に描かれた生活財にある。その発想は、ギリシャで得たものだった。

　ギリシャ時代には、行く先々で目にした儀礼を通じて、

生活や民俗にも関心を強めた。それらも図面に写し取れないかと試行錯誤し、後年まとめたのが、『エーゲ海 キクラデスの光と影』(建築資料研究所、1990年)である。

異質なものも含めてすべてを図面化しようとした畑の思想は、結果的に、ひとつの典型例だけでものごとを説明する方法と決別することにつながり、さらに、時代を超えて畑研究室に通底した共時的視点というものの見方をもたらすことになった。それは、通りに面する住居を選り好みせず端から順にトレースするという具合に、悉皆調査によりすべての空間を共時的に捉える手法につながる。当時の研究室の合言葉は「生活の断面」だった。ひとつひとつの細かい断面を集めてつなぎなおすことで、全体を浮かび上がらせるという発想である。

民泊

民泊も畑研究室の特徴のひとつである。対象の集落の民家に泊まりながらの調査を、研究室の最後まで続けた。昼間に訪れるだけの調査だと、ここで寝てここで食べる、という機能的側面は分かっても、その背景にある独特の考え方には近づけない。24時間ずっと一緒に過ごすことで、人々はどうやって夜を過ごすのか、子どもは何時に寝るのか、翌日の朝の準備をどうしているのかなど、昼間の滞在だけでは分からないことも見えてくる。民泊では、ときには、そこに生きる人々が抱える問題さえ知ることになるが、その経験をすることで、その住まいに生きる人々の考え方まで、ある程度分かるようになるという。

学生たちとの共同作業

集落のフロッタージュを行う以上、学生には実測の正確さを求めた。夜、お互いにスケッチを見せあうと、あそこはそうじゃない、こうだったと言いあいになり、懐中電灯を持って調べにいくことも何度もあった。た

だし、正確にデータを採るよう指導する一方で、思考回路への介入はしなかった。そのため、研究室のフィールドワークの中身は年によって違っていたし、結果も別のものになった。もっとも、先輩の調査や過去のデータを見ながら研究を進めるので、学生たちの間で継承される部分はたくさんあった。

ある調査を経験した学生たちがその後の作業に関わることも重視した。たとえば『エーゲ海キクラデスの光と影』のように、畑ひとりが文章をまとめて書き、畑個人の著作とするのではなく、ギリシャ調査に参加した学生たちも一緒に図面を清書し、模型をつくり、文章を書いた。それは、共同で調査し、共同で成果を得るというフィールドワークの主旨と重なる。

学生のためのお膳立てはあまりしなかった畑だが、学生たちには、共通に体験したフィールドからそれぞれが何かを汲み取ることを期待した。

たとえばタイで、学生が日がな一日ボーッとしているのを見て、時間を浪費しているように思ったことがあった。しかし、そういう体験が、社会に出た後に、逆に役立つかもしれないと考えるようになった。

このように、畑自身も研究室の活動を通して変わっていったのだが、それを顕著に示すのが共同性の捉え方だ。当初、畑は、個のしあわせが集まり、それがひいては共同のしあわせを導くと考えていた。しかし、ギリシャからアジアへとフィールドを移すうちに、いつしか、共同のしあわせが先にあると考えるようになっていった。タイの集落にしても、マレーシアのロングハウスにしても、その様態は個の集合では説明できなかったからである。おのずと、どうしたら広い意味での共同性を育むことができるかに、研究室での教育の関心も移っていった。ともに住まうという原則の上に個が成り立っているという視点が、畑研究室が最後にたどりついた地点である。

GLOSSARY

U研究室 コルビュジエに師事した吉阪隆正は、フランスから帰国後に早稲田大で自身の研究室を持ち、建築設計事務所を主宰した。1961年に大学構内から離れ、吉阪の自宅敷地内に移り、63年にU研究室に改称された。象設計集団をはじめ、多くの教え子が設計分野で活躍している。

キクラデス エーゲ海中央に浮かぶ200以上の島(20余の有人島)からなる島嶼群。イスラムやキリスト教の文化と交わりながら、純白で無機質だが独特の造形を持つ居住文化を形成した。乾燥していて年中温暖だが、土壌はやせている。ブドウ、果物、小麦、オリーブ油などが主な産物で、海産物も豊富である。

描き続けた日々

畑は、大学院生時代のヨーロッパ、とくにギリシャへの旅で、民泊しながら街路の空間を描き続けた。そこに、芝浦工業大学で長らく主宰した研究室の原点を見ることができる。

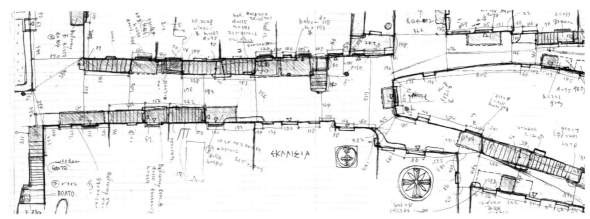

外階段の連なる街路を細かく実測しているのが分かる。ミコノス、1972年

　畑は、街路も含めて平面図の採集に興味を持っていた。小さな定規とコンパスで補うこともあったが、図はフリーハンドで描いた。ただし、角度には正確を期した。極端に正確な図面は必要ないが、正確さを期す意識は重要だという。手の動きを止めず、毎日5〜6頁をノルマにしたという。

　図面は、その日のうちに現場で清書するのが原則である。カメラで撮って後でその建物を再現しようとしても、形や色合い、影の具合が同じにならない可能性がある。とくに色は写真と実物が異なる可能性もあるので、できるだけその場で色合わせを行い、彩色した。子どもを見つけて巻尺の端を持ってもらって実測していると、家のなかから持ち出した机と椅子を貸してくれたり、ギリシャコーヒーを運んでくれたりする人もいたという。

色彩の異なる外階段を持つ街区をそのまま実測した。ミコノス、1972年

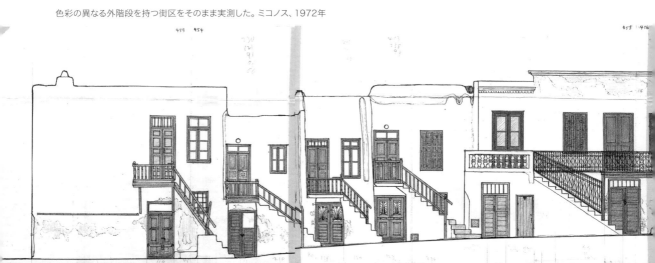

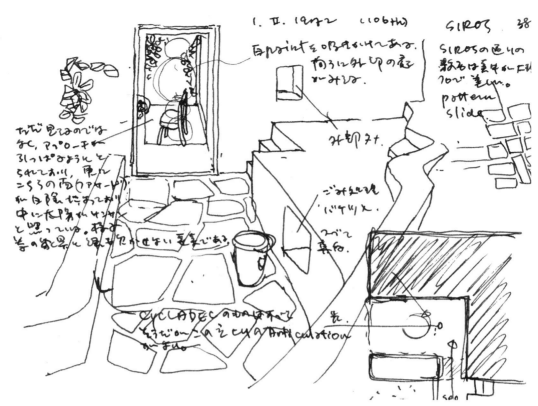

▲キクラデスのさまざまな島で、日々さまざまな実測が繰り返された。シロス、1972年
▼平面だけではなく、立面や断面のスケッチと実測も繰り返されている。サントリーニ、1972年

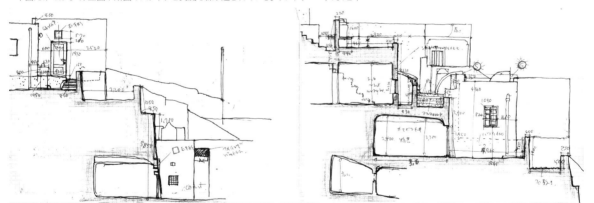

今日あったことをそのまま書く

フィールドノートには、スケッチだけではなく、日々起きる出来事や雑感が記されている。また、ところどころで特定のトピックに絞ってまとめて記述しているのも、畑聰一のフィールドノートの特徴だろう。

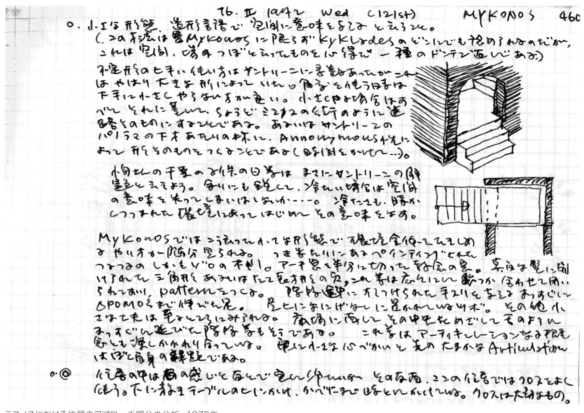

ミコノスにおける住居のアプローチ部分の分析。1972年

　畑がノートの作り方を学んだのは、鈴木恂からだった。デザインノートをカッターで2分割し、糸がほつれないように端をボンドで固める。これを半分に折るとポケットにしまえる。

　行く先々で腰かける場所を見つけてノートを取り出した。目にしたことや聞いたこと、考えたことをもらさず素直に記録することを心がけた。突然生じた出来事や思いついたことなどは裏面に書き記すようにした。日記もそのなかに入ってくる。出会った人との会話やその人の連絡先なども裏面に書いていく。用紙がなくなり、あわてて近くの店に飛び込むこともあったという。振り返って、事前にいろいろ準備しておけばよかったと思うこともしばしばあるが、フィールドワークは、やってみなければ分からないという側面を持つ。現地での出来事がすべてなので、ハプニングに感応できる五感を磨いておくことが不可欠だという。

　雑多な情報が詰め込まれたこのノート群は、どれが建築に関わりがあり、どれが関わりがないかを識別することの無意味さを示している。むしろ、建築がさまざまな事柄のなかに布置されることを、あらためて示してくれる。細かなトピックごとにまとめられたこのノートは、日記というよりジャーナルに近い。

5 集まって住む　　49

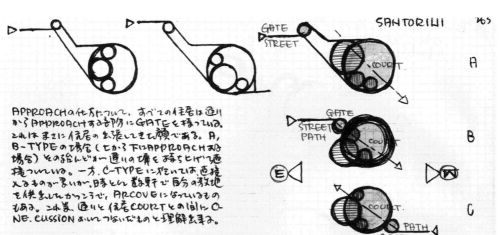

▲サントリーニでもアプローチの仕方を類型化して分析。1972年
▼ミコノスの街路のスケッチと日記。といっても記述の中心は領域の観念だ。1972年

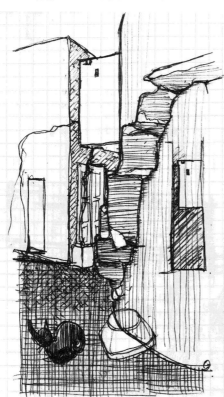

畑研究室が残したもの

30年以上にわたって続いた畑研究室からは、300人を超える学生が輩出された。彼、彼女らの多くは、時代ごとの研究室のフィールドワークに参加した。向かったフィールドは異なるが、フィールドワークという経験は共有されている。

雑誌『SD』のキクラデス特集（1973年）で明らかにされた畑の職人的手書きスケッチや極度に微細な部分に言及した記述は、建築の世界に一定のインパクトを与えると同時に、畑研究室の手法ともなっていく。空間そのもの、あるいはそれを組織する要素のフロッタージュの徹底である。それをいくつも繰り返し、最終的には共同体空間の全容をあぶりだす。畑の薫陶を受けた大学院生たちを中心にして、空間を記述するこの方法は伝えられていった。1980年代後半にキクラデスにわたった学生たちは、サントリーニやミコノスの迷宮のような空間を克明に記述した。建築の微細なエレメントから集落全体までを総体的に捉える方法論を身につけた学生たちは、その後、都市計画のコンサルタント、住宅メーカー設計部、ゼネコン設計部、アトリエ事務所など、多様な分野に巣立っていった。

1990年代初頭から始めた東南アジア大陸部タイの北部山地でのフィールドワークは、研究室の活動に大きな変革をもたらした。山地民の居住文化研究を進めた畑は、個人ではなく自律した共同体全体が複雑に組織される山地民社会の様態に衝撃を受けた。一方では、山地民の子どもたちを町の学校に通わせるための教育支援のNGOを立ち上げた。その手始めの事業となっ

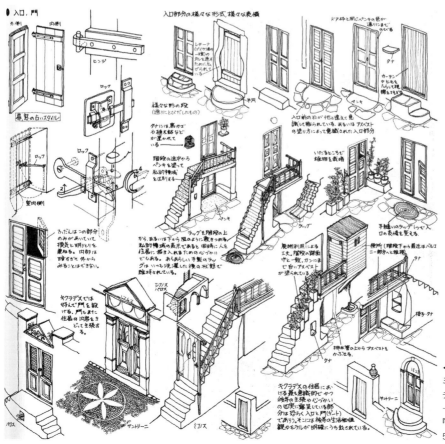

◀▶
ミコノスの住居の扉と階段のスケッチと解説（「特集キクラデスの集落──畑聰一のフィールド・ノートより」『SD』1973年2月号、鹿島出版会、59頁、61頁）

た子どもたちの寄宿舎の建設では、畑が設計を行い、学生たちがその施工を現地で手伝い、さらに大学院生が工事を監督するという態勢ができあがった。その後は、大学院生が寄宿舎や交流施設の設計を手がけ、その打ち合わせも含めて、ひとりで現地で奮闘するということが続いた。研究室に所属する学生たちの多くがこうしたNGO活動にも関与し、また、それらに触発されて独自にフィールドワークを志す卒業生、社会開発やNGO、NPOなどに積極的に関わる学生たちも見られるようになった。この時代の学生たちは独立心が旺盛で、現在は、東京や地方で個人設計事務所を営む者も多い。

1991年に建設された寄宿舎はNGOの最初の建物となった。1階のRC柱に木材の梁をつなげる。タイ・チェンライ、1992年

寄宿舎の建設のために地元の職人とともにセメントをこねる学生たち

RC基礎のために鉄筋に針金を巻く

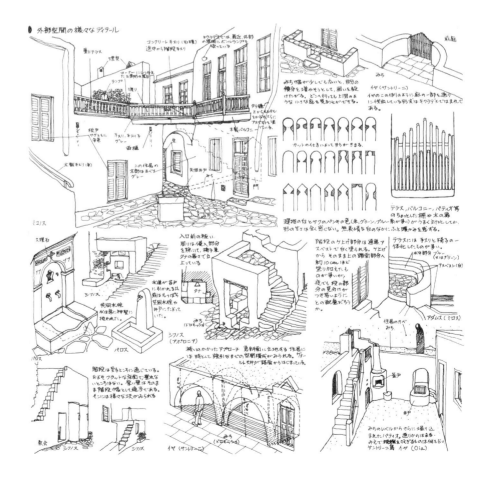

6 住まいの伝統技術

―― 筑波大学 安藤研究室　安藤邦廣

活動期間：1982～2013年
主なフィールド：日本、東アジア
研究室キーワード：民家、茅葺き、板倉、里山、資源循環、伝統木造構法、寸法

民家の生きる力

安藤が1973年に東京大学の助手になった当時は、民家や木造に特別な関心はなかった。所属した内田祥哉研究室では、当時プレハブや超高層の現場調査をフィールドワークとして行っており、そこで道具の使い方、写真や映像による記録などの、調査手法の基本を身につけた。

研究室のもうひとつのフィールドとして、地震や台風による災害の被害調査があった。75年8月の台風13号による八丈島の被害調査に参加したさいに民家の状況を目にしたのが、安藤の初めての民家のフィールドワークであり、民家研究のきっかけとなった。当時、八丈島の民家の多くは木造の茅葺きで、しっかりとした梁組と四隅の壁のおかげで軸組は無事であったが、茅葺屋根は台風で飛ばされていた。しかし被災して3日目には、住民が屋根葺材となる茅を集めて仮葺きし、屋根を直し始めていた。一方で同様に大きな被害を受けたプレハブの建物は、資材を運ぶ船が荒天のため島に近づけず、ブルーシートに包まれたまま手をつけられていなかった。地域の資材と自らの力で修復することができる民家は、生き延びる力が格段に違うと感じたことが、民家研究に情熱を傾けていくきっかけとなった。

里山の生産技術

安藤は、川島宙次の『滅び行く民家』3部作（主婦と生活社、1973年）をテキストとしてその仕事を受け継ぎ、川島がやり残したことは何かと考えた末、構法や民家の技術的特性に着目した。構造や間取りの研究については、建築史や建築計画の分野で先行しており、民家研究のなかで残された独自の領域は、職人による技術や細部の仕組み、地域における生産技術だと考えた。

茅葺屋根と里山

民家研究を進める過程で、屋根・窓・壁のつくり方が民家の地域性を表していると考えたが、技術や構法の詳細については建設現場や解体現場がないと分からなかった。しかし新たに民家をつくる建設現場は少なく、壊すこともできないので、その技術を知ることが難しい。そのなかで茅葺屋根だけは、1980年代にも葺き替えを行っていた。屋根以外の部分は、壊れても直すということは少なく、土壁はサイディング、木製建具はアルミサッシに変わってしまっていた。しかし茅葺屋根は、トタンを被せるものもあったが、まだまだ葺き替えるものが多く、茅葺きの解剖図を各地域で採集することができた。

茅葺きの解剖図をつくったことから、里山の資源循環という新たなテーマを見い出し、そこから里山へ研究フィールドが広がった。安藤の研究は細部から地域の生活や風景を読み解く。形だけではなく、そこでの生活のなかで続けられてきた維持管理の仕組みまで、民家の技術は、生活と一体のものだと考えた。たとえば、屋根だけを葺き替えるのは不経済で合理的ではないが、小麦が収穫できれば、その小麦藁で屋根を葺くことができる。傷みにかかわらず、毎年収穫した穀物の藁で屋根を葺くことが、生業と一体になって行われる。手間暇はかかるが大きく見ると経済的利点もあった。

植物材料による建材は頻繁にメンテナンスをする必要があり、その材料は里山から調達された。建築に使われている材料を見れば、そのときの里山の状況が見

える。逆にいえば、風景の細部に生業や生活が現れているのだ。

板倉の研究から壁の研究へ

茅葺きの研究を深めていくうちに、次の課題として板倉へと興味が展開した。板倉は倉の構法であり、倉の構法全体を調べる必要があった。板倉は土蔵へ変遷していることが分かってきたが、板倉だけを調べても背景は分からず、板倉からなぜ土蔵に変遷したのかというなかに、板倉の独自性や土蔵の独自性を理解するヒントがあると考えた。それは資源の問題でもあるし、都市化と、防火の問題でもある。いろいろな問題がからまって、日本のなかで建築の大きな変遷が起こっていた。

安藤の研究は、板倉にとどまらず、日本建築における、古代から現代まで至る壁の研究となった。古代の壁がどうだったかは、よく分かっていない。登呂遺跡が杉の板でできていたことや、正倉院が校倉だということは分かっているが、貴族や武士の住宅や民家の壁がどうだったかは資料が少ない。そういうことをなんとか調べられないかと考え、研究を深めていった。

調べていくうちに、いわゆる「住宅建築」では、主屋のなかには手がかりが少ないということが分かってきた。主屋は時代とともに変わる。すなわち、近世以降、主屋は開放的になり、主屋から壁は消えていく。

手がかりは、「小屋」や「倉」に残されているということが分かってきた。板倉、土蔵、さまざまな小屋のなかに、古い時代の技術の痕跡がたくさん継承されていた。小屋は民俗学分野での研究があったが、建築の領域ではほとんど研究されておらず、安藤研究室では、板倉を基軸として、小屋と倉を包括的に扱う研究を10年間行った。それは壁の構法の変遷の研究であり、日本の建築の壁の歴史の研究であった。

板倉構法の開発

安藤は研究と並行して板倉構法の開発を進め、別の角度から板倉を知るために自ら板倉構法による住宅を設計していく。1980年代後半に、つくば市立第一小学校体育館で棟梁を務めた田中文男に出会い、板倉の現代的な展開を目の当たりにした。田中は、民家や古建築を研究して、古代中世の建築を現代によみがえらせた。フィールドワークが単なる研究ではなく、そこで得た知見を現代や未来の建築に実際の技術としていかに生かすかを、彼は示していた。

設計をすると、さまざまな問題（板の乾燥収縮の問題や寸法体系、板の厚さなど）が起こるが、板倉は中世末に衰退した構法であるため、見本がなかった。田中文男は棟梁としての感覚でそれらを解決し、一方、安藤は長い歴史のなかでつくられてきた形・寸法をフィールドワークによって解明し、その成果を設計に反映させていった。

民家アナヤのスケッチ。茅葺屋根や茅壁が詳細に描かれている。当時、所有者から写真撮影の許可が得られず、スケッチであれば良いということで、その場でスケッチしたもの。沖縄県久米島、1978年（安藤邦廣作図）

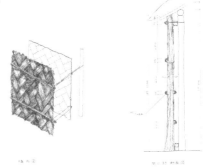
茅壁の解剖図。沖縄県久米島、1978年（山下浩一作図）

---GLOSSARY---

『住まいの伝統技術』 安藤邦廣・乾尚彦・山下浩一著（建築資料研究社、1995年）。安藤は乾・山下と協働し、屋根・壁・床の詳細を網羅しようと、残っている技術を採集・記録し、多くの解剖図を掲載している。断面詳細図と立体的な解剖図に加えて、生産技術を記録した。

板倉構法 神社や民家の倉庫に使われていた落とし板壁のつくり方を応用した構法。柱に溝を掘り、厚板を横にして落とし込んで壁をつくる。安藤らが中心となって、広く普及するように壁倍率や防火構造など現行法規に適合するよう開発した。

田中文男 1932～2010年。社寺や民家など多くの伝統的な建築の修復や保存に関わった。大工棟梁として工務店を経営する傍ら、建築史研究者と協同して社寺や民家の学術研究も行った。

建築の解剖図――縮尺と寸法

民家の技術について、ある程度のことは写真で分かっていたが、ディテールや施工法などの情報は少なかったため、それらの仕組みの分かる「解剖図」を描こうとした。人体にたとえれば、骨や血管、神経、肉、その上の皮が、どのようにつながり働いているのかを示す解剖図である。

安藤研におけるフィールドワークは、矩計図を中心とした実測調査によって建築の解剖図をつくり、それらを成立させる技術や生活、生業との関係を探るものであった。

建築の解剖図を描くのに必要な情報は何かと考え、メモと写真で断片的な情報をたくさん集め、それに頭のなかでひとつずつ肉づけをし、不足している部分を補う。どのような道具を使い、どの順番で、何人で作業するのか、詳細に記録をとっていく。一日で終わらなければ、もう一度行く。そのような調査を繰り返し、建築の解剖図を描いていく。

また、解剖図だけでは分からない生活の仕組みについては聞き取り調査を行い、史料とつきあわせて、解剖図との関係を探った。

細部を考えるときは全体を調査し、集落全体の仕組みを考えるときには、細部を見落とさずに調査する。

茅葺きの作業工程を時計を見ながら時間とともに記録。正の字を書いて茅の束の数量も記録している。石川県珠洲市、1981年（安藤邦廣作図）

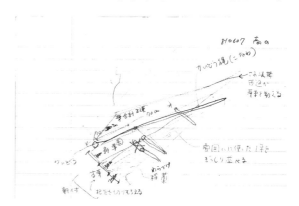

茅葺きの軒先の作業工程をその場でスケッチ。
石川県珠洲市、1981年（安藤邦廣作図）

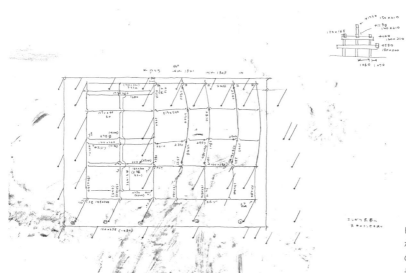

ヒキモンづくりと呼ばれる大断面の梁が特徴的な対馬の民家の架構図。主要構造となる部材の寸法や仕口や継手についても記録している。
長崎県対馬、2004年（小林久高作図）

6 住まいの伝統技術   55

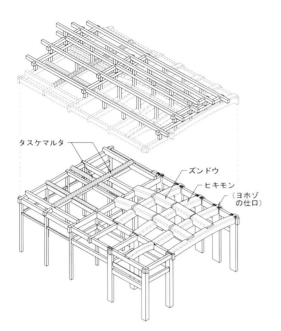

フィールドでの実測図をもとに、他の図面や写真などとあわせて分析して作成した架構図の清書版。ズンドウと呼ばれる梁は、下から見ると1本の大きな梁に見えるが、実際には短い部材を組み合わせていることが分かる。
長崎県対馬、2004年（小林久高作図）

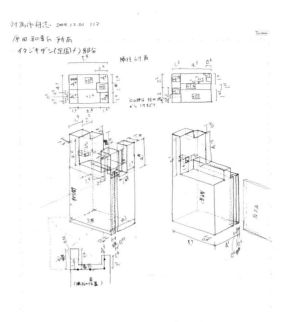

対馬の板倉のイタジキザシと呼ばれる足固め部分の仕口の詳細図。
長崎県対馬、2004年（濱定史作図）

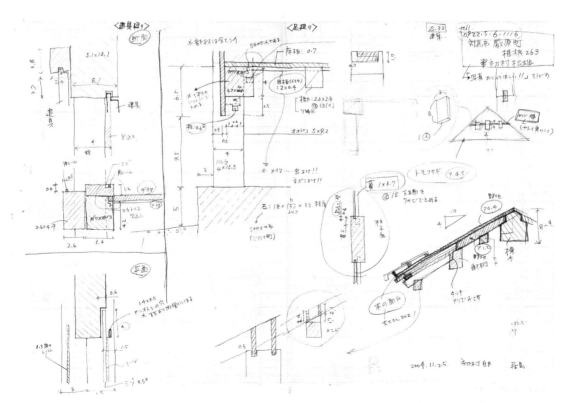

ヒラバシラと呼ばれる長方形断面の柱と壁板の収まりや、建具の詳細について記録。長崎県対馬、2004年（居島真紀作図）

フィールドノートとスケール感覚

建築の研究では知りたいことによって縮尺が変わる。100分の1は建築計画の研究、500分の1は集落や都市計画の研究である。安藤研で採集する図面は10分の1から20分の1の縮尺の矩計図を基本とした。これは、形だけではなく、雨仕舞、採光、遮熱などの環境を制御する性能を実感するためであった。

　現場に行って寸法体系を実感できるというのが大事なことであり、とくに日本の尺寸の寸法体系、モジュールというものを体感することが重要だと考えていた。建築の間取りでも高さでも、それは木取りに関係し、木材の規格まで全体を貫いている寸法体系でできていることが、実測をするとよく理解できる。また、柱の太さであれば、9cm、12cm、1寸という寸法の倍数、3尺、1と3というのが基本寸法で、1間が6尺で……それが人体寸法であり、畳も、起きて半畳、寝て一畳という寸法体系でできていることが、実測すると分かる。

　設計の寸法というのは無限にあり、実際に設計するときに、では何cmにするのか、部屋の大きさはどうするのかを、無限の寸法から決めるのは、簡単ではない。その寸法、高さを決める手段があるならば、それは何かというと、やはりモジュールという、建築をつくる日本の伝統的な基本ルールである。

　設計教育では、その基本ルールである寸法体系を学ぶことが一番大切だと安藤は考える。基本的な寸法体系を身につけて設計する人としない人では、設計の質がまったく違ってくるのである。設計を規格化するのではなく、深められる道具になるということ、余計なことは考えなくていいということが、大事になる。自由な造形こそが建築の命だというような偏重したところが、現代のデザイン教育にはあるが、そこを履き違えてはいけない。あるルールに則ってこそ、面白い戦いができる。

　モジュールや寸法体系について、座学で長々と教えても、学生には昔の話としてしか理解できないだろう。しかし実測をすれば、民家がルールに従ってできていること、それにもかかわらず、単調ではなく、じつに豊かで伸びやかな空間、自由な空間ができていることが分かる。現場で実測して、寸法を取りながら図面を描き、そこで構造や空間を目の当たりにすることが勉強になる。安藤は、少なくとも住宅の設計をする者が、この実測の経験を積んだうえで社会に出るようになれば、日本に大きな財産を築けると考えている。

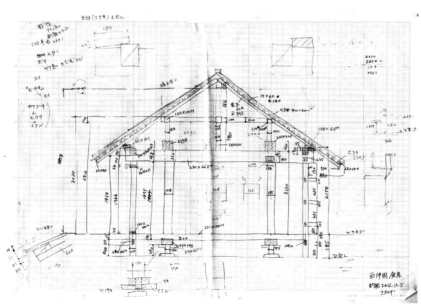

奄美大島の民家の主屋断面図。部材寸法の他に部材名称や材種も記録している。
鹿児島県奄美、2012年（青柳由佳作図）

6　住まいの伝統技術

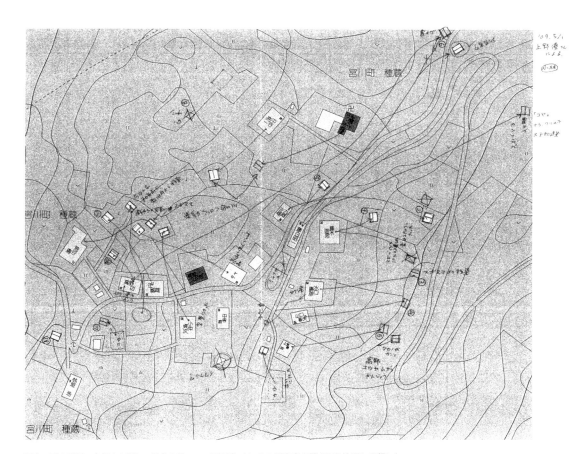

板倉の所有関係。主屋から離して板倉を建てている地域では、その所有者を聞き取り地図に記録した。
岐阜県飛騨、2009年（小林久高作図）

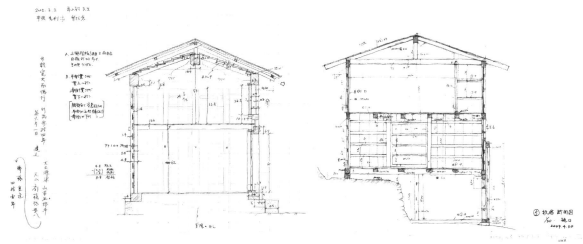

板倉の断面図。棟木の墨書を記している。栃木県栗山村、2002年
（黒坂貴裕作図）

板倉の断面図。岐阜県飛騨、2009年（樋口貴彦作図）

地域の力で建築をつくること

安藤の研究・設計の視点は一貫して、里山や資源との関係のなかで民家や構法を捉えることにあった。いまも、地域の職人の技術による、地域ごとの気候風土に根ざした建築のあり方を追求し続けている。

　板倉の研究をすることと、板倉構法の開発は並行して進んだ。耐久性、あるいは資源循環との関係、寸法や構法がそのなかにあり、それを解明することは、今日の設計に役立つと考えている。安藤は40代後半から設計活動を始め、大学での研究と設計事務所での設計の両方を行っている。設計の現場から、板倉の研究の必要性が実感され、フィールドワークの成果を設計に活かすことができた。構造計算をして、適切な寸法を決めることもできるが、建築は意匠や構造だけで決まるわけではなく、あらゆる性能の総合評価の結果であり、歴史的に長い時間が決めた寸法や形というのは意味があると安藤は考える。それを得ることが研究の大きな目的だった。

　2011年に起きた東日本大震災では、東北地方を中心に大きな被害が出た。この未曾有の災害に、プレハブの応急仮設住宅の供給が追いつかず、新たな応急仮設住宅が必要とされ、ここで安藤は、これまで取り組んできた板倉構法での応急仮設住宅を提案する。板倉構法に取り組んできた仲間や全国で活動するOBやOGから多くの支援と協力を受け、福島県で約200戸の板倉構法による応急仮設住宅が実現した。地域の職人による地域の木材を活用した板倉構法の応急仮設住宅は、復興の取り組みとして高い評価を受けた。さらに、解体移築が容易な構法であるため、避難生活を終えた後にも2住戸をあわせて復興住宅へと転用できることを見越した設計となっていた。2016年秋にその一部が転用され、恒久的な公営住宅に生まれ変わった。板倉の仮設住宅は、今後も地域の復興を支え続ける。

福島県いわき市で実現した板倉の応急仮設住宅。2011年（安藤邦廣撮影）

応急仮設住宅の内観。2011年（安藤邦廣撮影）

III 都市に生きる人々の暮らしを捉える

7 地域に世界を読む

―― 東洋大学・京都大学・滋賀県立大学・日本大学 布野研究室　布野修司

活動期間：1976年～現在
主なフィールド：インドネシア、東南アジア、イスラーム都市、ヒンドゥー都市、中華都市、近代植民都市
研究室キーワード：歩く・見る・聞く、ビール、都市組織、変容プロセス、建築類型、住居、研究－実践－検証

出発点

布野のフィールドワークの根底には住宅まちづくりのあるべき姿への問いがある。建築計画学が出発点で、戦後の公共住宅のモデルとなった51C型や小学校、病院など公共施設の基本型（プロトタイプ）の設計を主導した東京大学の吉武研究室が出身研究室である。

1968年に全国の住宅総数が世帯数を超え、73年には全都道府県で住戸数が世帯数を上回った。戸数は足りたが、その質はどうか、量より質へがスローガンとなっていた。戸数の充足とともに私たちの生活が標準化されていく一方、プロトタイプを生み出した当の建築計画学の方も、制度を前提として、施設内部のみの問題を考察するようになっていた。吉武研究室は、戦後まもなくの住宅調査や銭湯調査、貸本屋調査など、実際の住み方との密な関わりを出発点としていた。実際の街との関係が希薄化しているように思えた建築計画の現状に対し、原点に立ち返り、実地に学ぶことから住まうことの要求に応えるべきだと考えた。

インドネシアへ

1978年から東洋大学で教えるようになったのを契機に、実際の街での多様な住み方の理解と多様な住み方に対する建築的解法の探求を目的としつつ、海外でのフィールド調査を始めた。第二次世界大戦や戦後の日系企業進出などで、密接かつ困難な関わりを持つ隣人でありながら、当時は関心を向けられることの少なかった東南アジアをターゲットとし、インドネシアのスラバヤをフィールドとした。原広司研究室の世界集落調査などが先行していたが、建築計画において国際共同研究というフレームを設定した戦後最初の海外調査だった。

1979年に初めてインドネシアを訪れ、カンポンと呼ばれる高密な居住地に82年から毎年のように通った。カンポンは「スラム」ではない。一般的にいえば「都市村落（urban village）」で、農村から都市へ出てきた移住者が、農村の相互扶助の仕組みや生活様式を基礎としながら形成したインドネシア固有の居住地である。カンポンは発展途上国の大都市に拡大する市街地の典型であり、インドネシアが対応を必要とした最重要課題だった。

フィールドで考える

カンポンの住居は、恒久的建物から仮設の小屋まで、形も規模も多様である。多様な人の活気あふれる住み方があった。眼前に展開するカンポンの多様性と活力の秘密を丸ごと理解するため、調査にあたりあらかじめ定型化した手法は考えなかった。フィールドで考えフィールドで問題を発見するのが基本姿勢である。もちろん、いくつかの前提、基本的構えはあった。

まず、ハウジングの提案をゴールとする一連の過程のなかで、住み方を理解することである。実際にハウジングを提案することで人々の生活を支えるのが建築計画の存在意義である。住み方の理解を通じて、未来のハウジングを考える基礎となる、住宅プロトタイプの発見と提案を目指した。

加えて、実際に生活の営まれる住居の集合（近隣単位）を単位とし、住居間の相互作用のなかで住居を考えることである。住み手の多様な活動は、住居の内外を跨いで連続していた。住み手の住み方を成立させる住居

の集合の仕方とその働きのなかで初めて、個々の住居の妥当性が判断できるはずである。そこで、近隣単位を対象に、都市組織と呼ばれる、住み手の活動や社会的、技術的要因の相互作用から生まれた、特定の形を持つ物理的要素の特定の仕方での組み合わせからなる、街区（居住地）の構成システムの解明を目指した。

カンポンの世界

住居の集合の仕方を捉えるのに、街区スケールの施設分布図を用いた。ランガー（モスク）、見張所などカンポンの住み方を支える共用施設や、水場や椅子など個々の世帯の利用する一時的構造物を記録した。施設分布の調査から、自律的な住民の結びつきを起源とするRT（ルクン・テタンガ）やRM（ルクン・マルガ）というコミュニティが、区画割りや道を調整し、住居の形成プロセスを支えていることが見えてきた。

個々の建物の物理的、形態的特長は、屋根の架構形式に規定されていた。材料、技術、価格のせめぎあいから、市販部材として流通する規格化された屋根用トラスが生まれ、建物の間口幅を決めていた。この知見を踏まえ、住居の物理的構成に着目し、部屋数、構造などを共通指標として悉皆調査した。また、建物の形態に影響する敷地条件として、敷地規模などを指標とした。住居を、物理的指標を基準に分類し、類型化することで、いくつかのプロトタイプを見出すことができる。

何より、第一に注目すべきは生活の単位としての世帯である。住居と都市組織の将来の変容を予想する場合、ひとつの建物が、考察の基礎単位となるとは限らない。建物に2世帯が住む場合、一方の世帯の居住部分のみが増築されて拡大したりする。世帯の生活は、それを構成する一連の行為が連なったシステムであり、ダプール（炊事場）など、行為と対応した物のセッティングである「空間的要素」が、その各部分を構成する。

この空間的要素が室内化されることで初めて、部屋、建物は現れる。こうして、世帯の現状と来歴、空間的要素も調査の共通指標となった。世帯の現状と来歴については、社会科学的調査と共通する手法で、社会、経済的背景の指標化と数量的把握を行った。公的統計も併せて参照する。世帯、空間的要素、建物の情報を集約し、総合して初めて、街区スケールで展開する住居の変容プロセスが浮かび上がる。

カンポンの構成原理と動態

空間的要素に着目し、空間的要素の結びつきのシステムの時間的変化を辿ると、住居の更新プロセスにパターンが見出される。また、住居の平面を収集して適切な指標で類型化することで、出発点や到達点となる住居のプロトタイプを得ることができる。そして、住居の平面と住居の更新プロセスのパターンとを重ね合わせることで、プロトタイプを基準として、そこから派生する各住居の更新パターンの全体像、すなわち、カンポンの構成メカニズムを得ることができる。カンポンの多様な外観は、住居のプロトタイプと、個々の更新プロセスの重層によって生まれている。

生活が営まれるところではどこでも必ず、生活を構成する部分として、地域で歴史的に見出されてきた空間的要素と、生活の発達に伴うパターン化した住居の変容プロセス、プロトタイプとなる住居が存在する。それらに辿りつくまで、フィールド調査では、指標を見出し、組み合わせを試し続ける。調査者は探偵（あるいはスパイ）のようである。目の前で繰り広げられている出来事から、都市組織の構成メカニズムに関わる要素とその変容プロセスの法則性を推理し、謎解きをする。現在の都市組織の構成メカニズムを把握することで、将来の姿を検討することが可能となる。カンポンの調査では最終的に、カンポンの今後の形成に資するカンポン・ハウジング・システムを提案した。

---GLOSSARY---

ハウジング　住宅供給。供給の仕組みと、供給される住宅の双方を含む。

空間的要素　行為は、人の動きと、それをサポートする体系的に配置された諸物との相互作用を通じて進行する。人と物のシステムとしての行為を成立させる一方の要素である物の配置を、空間的要素と呼んだ。環境心理学者バーカーの提唱

した行動セッティングに相当する。

コミュニティ・アーキテクト　建築家の立場と地域住人の立場を兼ね備える、地域に密着した居住地形成の専門家。地域コミュニティとフォーマルな計画とを媒介し、活力ある居住地形成の要となる。タウン・アーキテクトともいう。

生活世界を捉える

住まいは人の営みから生まれる。炊事、生業といった人の営みの理解を出発点としながら、図面、統計資料で空間の構成原理と社会的背景の読解を加え、住まいと居住地の動態に迫る。

　フィールド調査は、教育・学習の最も総合的で最良の場である。教員、院生、学生、複数人からなるチームで行い、記録を共有する。現場を通じて、言語化されない知識、調査の姿勢が伝達される。

　基本はとにかく歩くことである。インタビューを伴わない場合、1日に10〜20kmは歩く。歩いて自分から探索し、見た分だけ、都市組織の成り立ちを理解する鍵を発見できる。調査では、スケッチ、図面、インタビュー、統計データを用いる。これらを組みあわせ、都市組織を立体的に捉える。フィールドでの発見を反映させて調査内容を組み替えることで初めて、生活世界を捉えた知が得られる。

　複数の街区に分かれて調査し、昼に集合してビールを飲みながら午前中の発見を交換し、午後の調査方針を立てる。ビールを飲むのは好きだからだが、それだけでなく、もうひとつ理由があると主張したい。アルコールはイスラームや厳格なヒンドゥーの地域ではフォーマルには禁止されている。しかし、そうしたフォーマルな世界とは別に、必ず飲みたい人間はいて、インフォーマルな仕方で取り扱われている。ビールを飲むことで、日常のインフォーマルな構成原理に触れることができる。

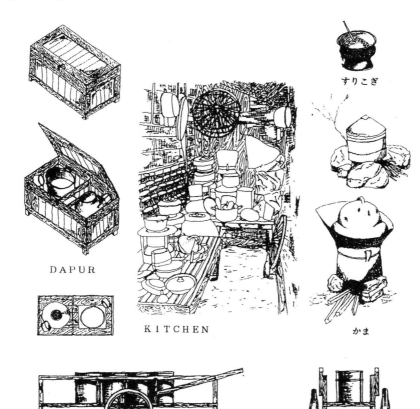

行為と対応した物のセッティングとしての空間的要素、ダプール(炊事場)と屋台。生活の焦点となる空間的要素は重点的に調査を行う。カンポンでは特長的な空間的要素として、水場、ルアン・タム(居間・客間)、ルアン・ティドゥール(寝室)、カマール・マンディー(バスルーム)、ダプール(炊事場)、ルーマー・マカン(食事スペース)、屋台が見出された。ダプールでは、点景のスケッチと道具調査を行った。屋台は、カンポンの生活を支える多様なサービスを担う重要な空間的要素である

7　地域に世界を読む

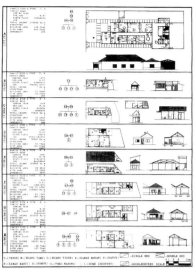

住居の空間的要素と空間構成（形態的特徴）、社会的背景の統合的把握。空間的要素として家具の配置や行為と対応する場所の名前を記録し、空間構成として敷地平面、住居平面、立面、断面、架構形式などを記録する（①）。同時に、社会的背景として、世帯構成、出身、居住年、収入、所有／賃貸形態などを記録する（②）。空間的要素と空間構成、社会的背景とを統合的に把握することで住居の立体的把握が可能となる（③）

カンポンの風景スケッチ。具体的生活とその行為を原動力として、住居、街並みは形成されている。都市組織の構成原理は風景のなかにある

カンポンから世界へ

フィールドと日常を統合し未来を展望する媒体として、日記を用いる。日記には、フィールドでの出来事から研究の着想や日本での日々の出来事までが、今に至るまで一貫して記録されている。

　フィールドでのスケッチや図面とは別に、日記をつけている。日記で一日を振り返る。日記には、調査地での食事やレストランのカードから、フィールドで得たグローバルな研究フレームの着想まで、スケールを往還し、文化間を横断しながら、日々の出来事が随時連続的に記録されている。時間がないことも少なくないが、フィールドを越えて、日常生活の場である日本でも、日々の出来事は継続的に記録している。日記は、個々のフィールドの記録を結びつけ、また研究も教育、社会活動も等しく記録し、それらを相互に結びつけるとともに、それぞれに新たな広がりと一貫性とを生む源泉である。

　移動中の出来事や緊急性を要する場合は、フィールド調査の図面やデータを日記の手帳に殴り書きで記録することもある。上手い下手を気にすることはない。大切なのは体験を記述し伝達することである。

　フィールドや日本での出会いのたびに、研究の視野、

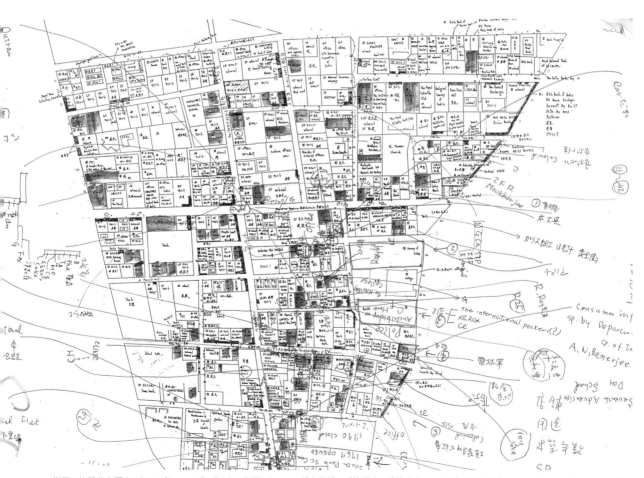

街区の施設分布図やアクティビティマップの元となる街区スケールの都市組織の悉皆調査。悉皆調査では、調査項目を調査シートに記入する（前頁右上図②）か、上のようにベースマップに直接記入し、個々の住居を超えて街区で成立する世帯の生活を捉える。世帯の生活はさらに、都市を超えて出身農村へ広がる。フィールド調査の図面、データも、大きなスケールの結びつきを捉え、研究フレームを構想する資料となる

対象は広がった。どの地域も世界と、そして今とつながって存在している。カンポンから、その村落的住み方のもととなる移住者の出身地の伝統的住み方とヴァナキュラー建築へ関心が広がった。東南アジア一帯で住まいを、生態系や歴史を視野に入れて総合的に理解する目的で、カンポン調査と並行してタイ、フィリピン、マレーシア、シンガポールをまわり、また日本国内をまわった。大学の同僚には民族建築学の太田邦夫、学長には人間居住の第一人者である磯村英一がいた。JICAの東南アジア遺跡保全事業に携わっていた千原大五郎、東南アジア研究所の高谷好一らに出会った。

1976年にハビタット（国連人間居住）会議があり、都市での住み方と住居は国際的な政治課題となっていた。スラバヤでカンポン・インプルーブメント・プログラム（KIP）としてカンポンのハウジングを研究、実践するヨハン・シラスに出会い、長年の共同調査者となった。マニラでセルフ・ビルドを実践するNGOフリーダム・トゥ・ビルド、バンコクでサイト・アンド・サービスを実践するNGOビルディング・トゥゲザーとその代表者クリストファー・アレグザンダーの弟子シュロモ・エンジェルに出会った。

インドネシアが世界一のムスリム人口を有する国家だったことから、1987年からイスラーム都市の研究に関わり、西川幸治と応地利明に出会う。その縁で京都大学へ移り、イスラーム以前の東南アジアに受容されたヒンドゥーの都市も、91年から研究の射程に入った。インドネシアはまた、オランダの植民地でもあった。97年からオランダ、イギリスなどの近代植民都市のグローバルな研究を行うこととなった。東南アジアは華人移住者とも縁が深い。そこから華人の都市の研究も行った。

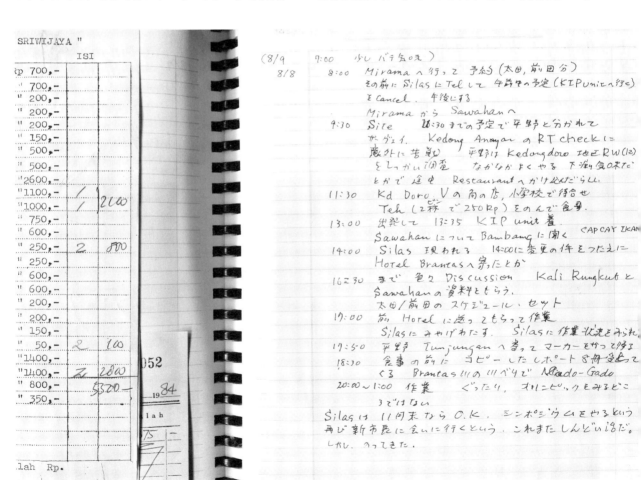

日記。筆記とともに、領収書、名刺、地図、インスタント写真も貼り付け、フィールドでの出来事を記録する

研究—実践—検証

調査手法の普遍化、調査の知見に基づくハウジングの実践、結果検証に基づく調査手法と実践の改良を不断に繰り返す。このサイクルにより研究成果は地域、社会、教育研究へ多元的に還元される。

　住居のプロトタイプと更新プロセスのパターン、そして共用施設は、地域によって多様である。しかし、住居のプロトタイプと更新プロセスのパターン、共用施設を捉えること、という都市組織の構成とメカニズムを読み解く手法は、どの地域でも共通して用いることができる。加えて、都市組織は都市の一部であり、都市の動態を形づくる。複数の都市組織の集合として、都市の動態を読み解くことが可能となる。

　フィールドで試行するなかで次の調査手法を見出した。住居の集合した居住地を形成する街区で、基本的にはコミュニティの単位を調査対象とする。まずそのベースマップを準備（既存のものがあれば利用し、なければつくる）して、ひとつひとつすべての住居、施設を確認する悉皆調査を行う。始めは予備調査で、住人の活動を観察し、住人へのインタビューを行うとともに、出会ったことをできるかぎり何でも記録し、写真を撮る。そして建物の平面・断面・立面図を作成する。同時に、居住地全体を視覚的に把握する、施設分布図や街路の連続立面を作成する。予備調査として複数の住居を観察するなかで、個々の住居を越えて街区全体に通底すると考えられる特長的要素が発見される。発見した要素を共通指標に含めて本番の悉皆調査を行い、街区全体に通底する要素をひとつずつ確認しながら、

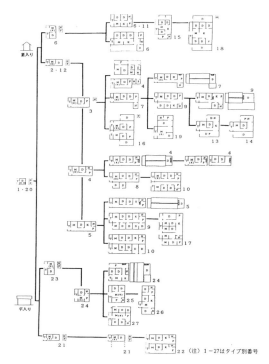

カンポンの住み方を支える共用施設の抽出。ランガー（モスク）とバトミントン・コート、ポス・ジャガ（休憩用東屋）、移動トイレ。ほかにも代表的共用施設として、見張所、学校、バレ（集会所）、ストリートマーケットがある。カンポンの生活は、これらの共用施設によって成立している

住居類型の変容プロセス。生活を構成する空間的要素と、建物の空間構成に影響する指標、世帯の社会的背景の指標、そしてインタビューとを重ね合わせることで、住居の変容プロセスを跡づけることができる。始めは木や竹の骨組みだけの小屋と井戸がある。所有権の安定、資金の保持とともに、空間的要素はテンポラリーな構造からパーマネントな構造へ建て替えられ、室内化されて住居へ統合される。ルアン・タム、ダブールが世帯の核となり、そこからプロトタイプとなる住居、あるいは変則的住居が発達することが分かる。住居の発達の原動力となるのは、世代の増加など世帯の構成要素の変化である

居住地が生まれる具体的メカニズムを考える。具体的メカニズムを総合することで、都市組織という物理的システムの構成が明らかとなる。

多様な地域性の把握では、調査者の能力が問われる。調査者は目いっぱいアンテナを広げ、感覚を研ぎ澄ますことが必要となる。フィールド調査での姿勢として自身が語ってきたことを、滋賀県立大学で学生たちが「フィールド調査の心得7ヶ条」としてまとめた。

① 臨地調査においてはすべての経験が第一義的に意味を持っている。体験は生でしか味わえない。そこに喜び、快感がなければならない。

② 臨地調査において問われているのは関係である。調査するものも調査されていると思え。どういう関係をとりうるのか、どういう関係が成立するかに調査研究なるものの依って立っている基盤が露わになる(される)。

③ 臨地調査において必要なのは、臨機応変の知恵であり、判断である。不測の事態を歓迎せよ。マニュアルや決められたスケジュールは往々にして邪魔になる。

④ 臨地調査において重要なのは「発見」である。また「直感」である。新たな「発見」によって、また体験によって直感的に得られた視点こそ大切にせよ。

⑤ 臨地調査における経験を、可能なかぎり伝達可能なメディア(言葉、スケッチ、写真、ビデオ……)によって記録せよ。いかなる言語で、いかなる視点で体験を記述するかの方法が問題となる。どんな調査も表現されて意味を持つ。どんな未熟なものであれ、その表現は一個の作品である。

⑥ 臨地調査において目指すのは、ディティールに世界の構造を見ることである。表面的な現象が意味するものを深く掘り下げよ。

⑦ 臨地調査で得られたものを世界に投げ返す。この実践があって、臨地調査はその根拠を獲得することができる。

フィールド調査は日本でも行える。2000年から京都で、地元の都市組織に関わる建築家や建築学生(コミュニティ・アーキテクト)からなる大学横断のNGO「京都CDL」の活動が展開された。コミュニティ・アーキテクトの活動は、2005年に滋賀県立大学へ移ってからは「近江環人」に継承された。1982年から2000年にかけて発行した雑誌「群居」では、日本を含むアジアのハウジングを論じた。また、日本でのセルフ・ビルドの実践として、工務店とともに木でものづくりを行う木匠塾を1991年から行ってきた。共同調査の成果は、スラバヤ工科大学のシラス教授による、インドネシアの集合住宅ルマ・ススンのプロトタイプの設計、建設へと結実した。2000年には、地域の気候、生態に適合した集合住宅プロトタイプ、スラバヤ・エコハウスを共同で建設した。2015年からは日本大学で、KIP、ルマ・ススンに次ぐ第三の住まい方の実現にむけた調査、提案を進めている。

研究、実践、検証の絶えざる連動のなかで、フィールドの知は実効的となる。

スラバヤ・エコハウス

シラス教授自邸での談話。2018年(山田協太撮影)

8 住まいをめぐる価値の研究と実践

――― 京都大学 巽研究室→髙田研究室　髙田光雄

活動期間：1973〜2017年
主なフィールド：京都、関西の都市、韓国、台湾、その他アジア・欧米の諸都市
研究室キーワード：住宅計画、まちづくり、実践的研究

住宅研究の転換期に研究生活を開始して

　髙田光雄が京都大学で学生時代を過ごし研究活動を開始した1970年代初頭はちょうど、住宅分野における主な関心が「量」から「質」へとシフトし、住宅研究の目標の再設定が求められていた時代であった。そのような転換の背景には、日本において住宅の量的不足が少なくとも統計上は解消され、また、第一次オイルショックやローマクラブの『成長の限界』に象徴される成長主義への懐疑的態度が地球規模で拡がっていたという当時の社会状況があった。戦中から戦後にかけての西山夘三らによる「住み方調査」に基づく「食寝分離」「隔離就寝」などの原則の提唱、それらを根拠とする吉武泰水・鈴木成文らによる戦後公的住宅の標準設計（51C型）に代表される研究は、住み方の法則の発見に基づく住宅の量的充足、最低水準の確保を志向していた。70年代は、このような初期の住宅研究が、社会状況の変化にともない社会からの要請に次第に応えられなくなり、批判や反省の対象にさえなっていた時代でもあった。

　建築の研究者や実務家の間でも、住宅の「質」とは何か、ということが真剣に議論された。しかし、共通の認識のもとに議論できるようになるには長い時間を要したという。たとえば、現在では一般的である「住宅性能」という言葉も当時はまだ新しく、その定義や評価の方法をめぐって活発な議論が交わされたという。また、後述する「ハウジング」という概念をめぐっては、それぞれの大学研究者（主に西山夘三の流れを汲む京都大学の研究者、同じく吉武泰水の流れを汲む東京大学の研究者）の住宅研究に対する「ものの見方」の違いがかえって浮き彫りとなり、議論における共通の土台を見出すに

は10年以上の時間を要したと髙田は供述する。とはいえ、「量」の時代の住宅研究が、住み手の平均像の描出やカテゴリー化、住宅計画・設計の標準化と効率化を最終的な成果としていたのに対し、「質」の時代の住宅研究では、住み手の個性や生活・価値観の多様性を捉え、それらを成立させている住まいの特性や可変性を住宅計画・設計のなかにいかに組み込むかということが、ひとつの共通課題となっていった。

「住みこなし」「住み継ぎ」という価値の発見

　研究者としてまだ駆け出しのころ、髙田の周囲には住宅研究の新しい局面を切り拓こうとする気概に満ちた先達がおり、彼らの議論に触発されながら髙田自身も「質」の時代の住宅研究にのめりこんでいった。髙田が学生・助手時代と在籍した京都大学・巽和夫研究室では、公共化住宅論、二段階供給（スケルトン・インフィル）方式など、住宅の価値に関する本質的議論に基づく先端的な計画・技術論的研究が行われ、後の住宅研究の発展に大いに影響を与えた。これらの研究は、オープンビルディング研究の世界的指導者であるN・J・ハブラーケン（MIT名誉教授）といった海外の研究者との交流や、国内の歴史的市街地における居住空間の構成原理の調査を通じて深められていった。

　数々の研究と実践を積み重ねていくなかで髙田は、具体的かつ実践的な計画技術論を構築していったのだが、一方で、そもそも何をもって「良い」住まいや「良い」住宅とするのか、すなわち、住まいの価値をどう捉えるかという根本的な問題についても思案し、徐々に体系化していった。まず、住宅の価値は、住み手と住まいの関係において捉える必要がある。従来より重視されていた

住宅の価値は快適性や安全性といった指標で定量化できる価値、すなわち住宅性能と呼ばれるものであり、住み手が住宅性能を享受して得る満足を髙田は「住みごこち」と呼んだ。一方で、住み手が住宅性能を享受するだけでなく住まいに自ら働きかけることで得られる満足を「住みごたえ」と名づけた。「住みごこち」という、住宅のいわば手段的価値から得られる満足には限界がある（限界効用逓減の法則）。「住みごたえ」という、住宅の非手段的価値を加えた、住み手と住まいの双方向的な関係によって価値が継続的に創出されている状態こそが理想であり、髙田はこの状態を「住みこなし」と呼んだ。

研究者の世界で住宅は「量」から「質」の時代へといわれてから随分と経つが、現実の社会は大量生産・消費型社会の価値観をいまだに引きずっている。これからの一品生産・循環型社会にむけては、上述した「住みこなし」に加え、住み手が入れ替わっても「住みこなし」が成立し、住宅の価値が継承されていく「住み継ぎ」の考え方が重要である。髙田研究室で行われた研究は、一見すると多種多彩であるが、上述のような「住みこなし」「住み継ぎ」といった、住まいの新たな価値とその実現にむけた知見の蓄積というテーマが通底していたのであった。

ハウジング研究の継承と発展をめざして

ハウジング（housing）という言葉は、動詞としてのhouse（住宅を提供する）の動名詞としての「住宅供給」、および名詞としての「集合住宅」の両方を包括しており、住宅問題を広く捉えるさいに便利であった。それと同時に、より本質的には、1970年代当時の住宅研究の再編の方向性に対していくつかの重要な主張を含んでいた。ひとつは、建築計画の対象としての住宅はその供給過程も含めて捉えるべきであるという主張である。これは当時、途上国の住宅問題解決における居住者参加の必要性について論じたイギリスの建築家J・F・C・ターナーによる認識とも符合した。70年代後半のわが国の状況もまさにこの認識を必要としていたのである。またひとつには、住宅や住宅供給は社会的文脈のなかで捉えるべきであるという主張である。日本の戦後住宅政策が見直しを迫られていた70年代後半は、住宅の公共性や住宅供給における公共の役割を再検討すべき時期にさしかかっていた。

髙田が所属した当時の巽研究室では、総合性と実践性を重視する「ハウジング論」がすでに提唱され、体系化が試みられていた。一方で、その過程において、東京大学の鈴木成文教授（当時）をはじめ関東の住宅研究者からは「ハウジング」の学術用語としての厳密さを含め、厳しい指摘を受けることが多かったという。その後、東京大学であれば特に、鈴木成文研究室（建築計画）、内田祥哉研究室（建築構法）、下総薫（都市・地域計画）などとの間で学術交流を通じて転換期の住宅研究のあり方をめぐる議論が重ねられ、ハウジング概念に関する考察も深まっていった。

髙田自身は、「ハウジング論」をさらに発展させ、1991年発表の博士学位論文では、個別の研究領域として細分化していた「住宅計画論」と「住宅供給論」を統合しつつ実践するための計画技術論としての「ハウジング・システム論」を提唱した。ハウジング・システム論はその後、90年代であれば地域性への対応やコミュニティ再生、ストック活用、2000年代以降は地域のまちづくりとの連携や、協働、コモンズ、居住文化育成といったように、各時代の要請に応えることで、さらなる発展が図られた。住みこなしの研究とはまさに、地域の居住文化育成において欠かせない、住まいに関して人々が共有することが可能な価値観を探求するための作業のひとつであった。

---GLOSSARY---

住み方調査 第二次世界大戦前から戦中にかけて西山夘三が展開した庶民住宅研究で確立した調査手法。食事や就寝などの生活行動や、家具配置などの居住実態を記述する。人間らしい生活のための最低限の基準を明らかにした「食寝分離論」に論拠を与えるとともに、戦後の計画学の方法論的基礎となった。

食寝分離論 西山は、庶民住宅研究をふまえ、狭小住宅においても食事室と就寝室は分離する傾向が強いことを実証し、人間らしく住む最低限の原則として食寝分離則を提唱した。これに、親子・兄弟などの隔離就寝則を加え、「食寝分離論」を展開し、戦後の「51C型」標準設計を導いた。

住みごたえ 住まい手が住まいやまちに対して受動的であり、一方的なサービスを受けることで生み出される手段的価値が「住みごこち」であるのに対し、住まい手が住まいやまちに働きかけ、能動的・双方向的な関わりのなかで見出していく非手段的価値を「住みごたえ」と呼ぶ。後者は、性能表示できないが、住まいやまちの価値の重要な要素である。

捉えどころのない価値を可視化する

住みこなしにおける「非手段的価値」(住みごたえ)は、住み手と住まいの個人的・内的な関わりを通じて形成される。このような潜在的で捉えどころのない価値について明らかにするために、住宅研究における「住み方調査」に対して社会科学における質的研究の方法を取り入れた調査手法が考案・確立されていった。

「住みこなし」は、家族の暮らしや地域社会の変化とともに生起し、住み手と住まいの内的な関わりの変化をも含む、きわめて複雑なプロセスである。そのため第三者が客観的に理解することは決して容易ではない。また、面識が浅く、あまり親しくない相手(調査者)に対して自身のプライバシーに関わる内容を話すことは、住み手は躊躇するのが一般的である。「住みこなし」の研究は、具体的な事例の詳細な実態把握を主な方法とするが、上記のような調査上の制約がつねにつきまとう。髙田研究室では、従来の「住み方調査」に質的研究(ライフヒストリー)の手法を組み合わせることで、住み手それぞれの複雑な内的プロセスとしての「住みこなし」をなるべく客観的に把握する方法を考案するとともに、図面や記録を用いた対話を通じて住み手との関係を構築していくノウハウを蓄積していった。

たとえば、京都市内に現存する、ある木造住宅の住みこなし調査では、家業(薬の製造・販売)の規模が縮小するなかで老朽化した建物を維持していく方法について所有者が行政に相談を持ちかけたことがきっかけとなり、まずは住まいの履歴を作成することになった。所有者である50代の女性を繰り返し訪れ、「住み方の変遷」「改修の内容・予定」「維持管理」「地域活動への参加」など、多岐にわたる内容について話を聞いた。当初は断片的であったが、作成した住宅の間取りや個人史の年表と照らし合わせながら繰り返し丁寧に話を聞くことで、長い時間経過のなかで培われた住み手と住まいの複雑な関係が徐々に可視化されていった(図2)。また、仏間や控えの間など、特定の空間のエピソードを通じて、可視化されにくい住み手の強い想い(非手段的価値)も明らかになっていった(図1)。

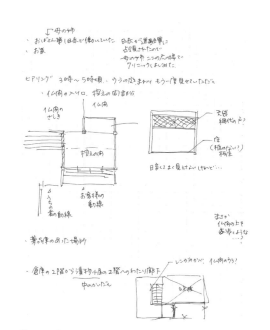

控えの間付近の詳細。仏間、2階部分との取り合いに家主の試行錯誤の跡がうかがえる

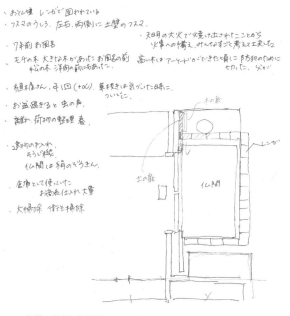

仏間の詳細。仏間付近の増改築(防火・防犯対策)や日常の手入れの様子から、家主の建物への強い想いが読み取れる

図1 「木造住宅の住みこなし調査」における細部のスケッチ。2012年(森重幸子作成)

8　住まいをめぐる価値の研究と実践　71

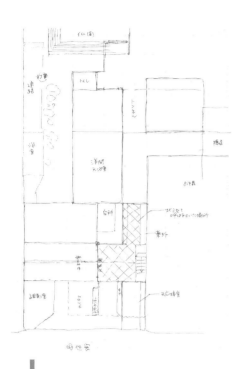

↓ 初めてこの住宅を訪れた際に作成した間取りのスケッチ。家屋の主要部分について、調査時点における大まかな建物配置と室名・用途を記載した

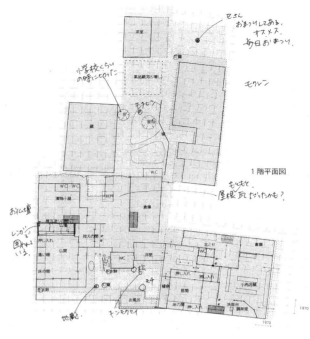

↗ 航空写真や地籍図などと照しあわせて、より正確な建物配置図を作成した。家主へのインタビューを引き続き行い、付属屋や屋外空間の使い方、建物や植栽などの維持管理についても把握する。住まい方の変遷とともに住みこなしの過程が明らかになっていく

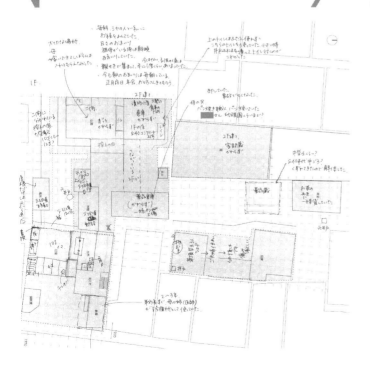

スケッチをもとに建物配置の一部を書き起こした。家主の幼少期から現在に至るまでの住まい方の変化や増改築の履歴などをインタビューによって明らかにし、図面に書き込んでいく。建物や場所とと関連づけて尋ねることで、当時の生活の記憶がより鮮明に呼び覚まされていく

図2　「木造住宅の住みこなし調査」におけるスケッチの変遷。2012年（森重幸子作成）

対話の手段としての記録・スケッチ

住みこなし調査においては、いつの時点の、どのような関わりに着目し、どのような手順で事実を明らかにするのか、というフレームの設定が重要である。対象とする住居や居住文化に応じた工夫が必要であるが、記録・スケッチは、住み手と住まいの見えにくい関わりについて住み手と調査者が対話する手段としてつねに有効である。

「住みこなし」という言葉の意味を海外の人に正確に伝えることは困難であるが、どのような地域・文化であれ、住み手と住まいの間の継続的な関わりから生まれる価値が存在することは確かである。異なる文化や時代における住みこなしを調査することは、現代を生きる私たちが見落としがちな住まいの価値について再考する上でのヒントを与えてくれる。

たとえば、台北に現存する日式住宅の調査（図3）では、終戦とともに日本に帰国した元居住者たちの当時の暮らしに加え、現地で日式住宅を住み継いだ台湾人居住者の暮らしを調べることで、同一の住宅に対する多様な住み方、多層的な価値が明らかになった。

また、ネパールの中庭型街区の調査（図4）では、表中庭に加え、通常は人に見せない裏中庭の利用を調べることで、住み手による街区単位での柔軟な空間利用・管理、さらには浄・不浄の概念に基づく空間のヒエラルキーが明らかになった。

異文化における住みこなしを理解するためには、対象に応じた創意工夫が必要であるが、記録・スケッチは住み手との対話においてつねに有効な手段である。

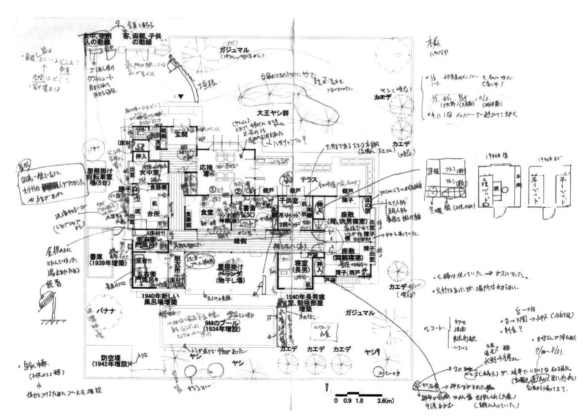

図3　台北の日式住宅における住みこなしの調査（郭雅文作成）
1930年代、台北に移り住んだ日本人の大学教授家族らによって建設された住宅は、「日式住宅」として現在も台湾人によって住み継がれている。上のスケッチは、1930～40年代の住みこなしの様子について当時の居住者（日本人）に聞き取り調査を行ったさいのものである。台湾の気候風土に対応した建物の増改築や庭の植栽など、異国での暮らしの様子を記録や記憶を頼りにして詳細に復元している

8 住まいをめぐる価値の研究と実践　73

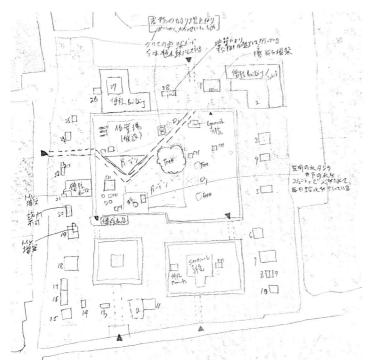

表中庭の空間利用と裏中庭の分布。街路からアクセスする3つの中庭（表中庭）、および表中庭を囲む住宅を通ってアクセスする小さな中庭（裏中庭）の配置を地籍図や航空写真と照らし合わせながら現地で記録している。また、表中庭の共用設備や利用の仕方を、利用者の行動観察や住民への聞き取りをもとに記録している

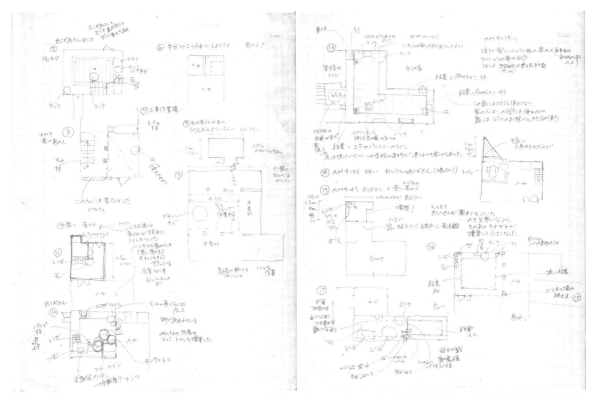

裏中庭の空間利用。街路や表中庭からは直接アクセスできない中庭（裏中庭）についてもそれぞれ空間利用を把握している。採光・通風、水回り設備、倉庫などの生活に必要な機能が裏中庭の空間において確保されており、高密度の居住環境が成立していることがうかがえる

図4　ネパールの中庭型街区における住みこなしの調査（サキャ ラタ／森重幸子作成）

さまざまな成果のかたちと実践への応用

研究の成果は通常、学術論文という形で社会に還元されるが、住みこなし研究の成果はもう少し即地的な方法で人々に還元されることがある。すなわち、住み手が住まいの価値を再発見する契機となったり、研究者や実務家が計画・設計の拠り所とするなど、住まいづくりの当事者に参照され、さまざまなレベルで実践へと応用される。

成果の即地的なフィードバック

住みこなし調査の成果はまず、住まいの履歴という形で記録化される。平面図（図5〜7）や年表といった資料を含むレポートが作成され、住み手に手渡されることで、調査はひとまず終了する。

住まいの詳細な記録そのものにも意義があるが、場合によってはむしろ、住み手とともに記録を作成するというプロセスにこそ意義がある。経年した住宅の所有者は、建物の維持・活用について何らかの悩みや不安を抱え、さまざまな想いをめぐらせている場合が多い。それが仮に、住み手が自らの住まいの価値を十分に認識していないがために生じているとしたら、不幸なことである。住みこなしの調査は、記録の完成が必ずしも唯一の目標ではなく、記録というプロセスを通じて、住み手が自らの住まいの価値について再認識し、次の一歩を踏み出す契機となることも期待している。

当然ながら、そのようなポジティブな作用がつねに生じるわけではないし、また、最初から期待されているわけでもない。しかし、調査協力者である住み手に対して成果をフィードバックする姿勢は少なくとも必要であり、それを念頭に置いて調査は計画されてきた。

さまざまなレベルでの実践への応用

研究の成果は一般的に、学術論文という形式に則って発表され、社会に還元されていく。髙田研究室で行われた国内外のさまざまな地域における住まいの調査の成果についても、まずは学術論文という形でまとめられてきた。一方、研究の成果はもう少し即地的な方法で人々にフィードバックされることがある。上述したような住み手に加え、研究者・実務家といった住まいづくりに関与するさまざまな主体によって参照され、さまざまなレベルで実践へと応用される。

髙田は、「計画学」は基本的に技術学（工学）の領域

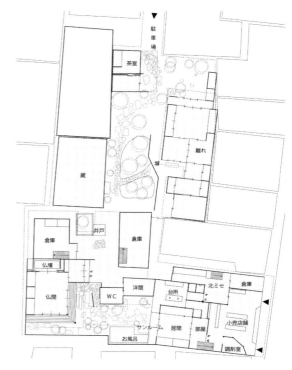

図5 「木造住宅の住みこなし調査」における完成図面（安福賢太郎作成）

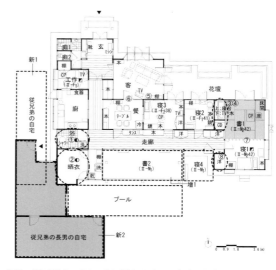

図6 「日式住宅の住みこなし調査」における完成図面（郭雅文作成）

8 住まいをめぐる価値の研究と実践   75

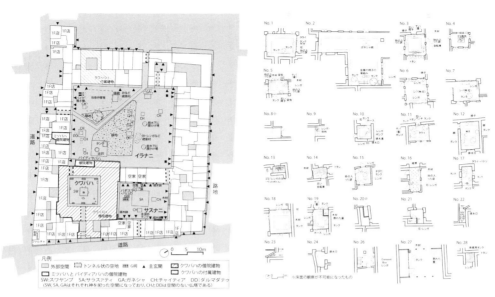

図7「ネパールの中庭街区の住みこなし調査」における完成図面(サキャ ラタ作成)

に属すると考えて、技術（役に立つこと）と科学（知識を深めること）を区別している。ただ、技術学の過程で科学的知識を利用することから、計画学的研究は科学的研究を伴うことになる。計画学研究の諸形態にはまず、「実用的目的→技術的手段→科学的知識→技術的手段」という手順が考えられ、西山らによる庶民住宅研究はその典型であるとしている。また、「実用的目的→技術的手段→科学的研究→科学的知識」という手順は、新しく開発された技術の裏づけや評価を目的とする研究である。上記の2つの手順では実用的目的は所与であるが、価値観の多様化が進行する現代ではそのような状況はむしろ稀である。そこで、共通の目的を見出すための手続きとして、「科学的研究→科学的知識→実用的目的→技術的手段」という、目的設定を研究に含める手順が必要となり、計画に関わる各主体の研究への積極的な関与が求められるとしている。

京都において 髙田が手がけてきた実践的活動である高経年団地の再生（図8）や現代型町家団地の計画（図9）においても、住みこなし研究の成果や方法論がさまざまな形で活かされている。住み手を含む、計画に関与する各主体が住まいの価値を問うという目的設定的な行為を実践的活動の一連のプロセスに含めることで、これからの時代に求められる計画学研究へのアプローチを自ら実践してきたといえる。

図8 京都・堀川団地の再生。戦後まもなく建設された計6棟から成るRC造下駄履き共同住宅を、「立体京町家」としての空間性を継承しつつ、周辺のまちづくりとの連携や新しい居住者による住みこなしといった現代の価値観にも呼応する形で再生した

図9 「平成の京町家」団地。町家の伝統的な暮らしの知恵に学びつつ、現代の環境技術を取り入れた「平成の京町家」の試みをさらに発展させるべく、街区単位での住みこなしを可能にする庭や縁側的空間、建具などを導入した住宅団地を計画した

9 日常性、ふるまい、ネットワーク

―― 東京工業大学 塚本研究室／アトリエ・ワン　塚本由晴

活動期間：1994年（アトリエ・ワンとして1992年）〜現在
主なフィールド：東京、世界、都市、パブリックスペース、窓、伝統産業
研究室キーワード：ふるまい学、タイポロジー

フィールド・サーヴェイのきっかけ

　メイド・イン・トーキョーやペット・アーキテクチャー・ガイドブックなどをはじめ、都市と建築の現在を新鮮な形で切り取るアトリエ・ワンと塚本研究室の仕事。彼らによる建築・都市空間の創造は、塚本由晴と貝島桃代の共同から積み重ねられてきた、現在の都市空間を再発見するフィールド・サーヴェイに裏打ちされたものである。本書では、塚本由晴と塚本研究室の活動に焦点を当てて紹介する。

　研究室の活動を主導する塚本とフィールド・サーヴェイのつながりは、幼少期の体験に始まる。多くの同世代の建築学生と同様、東京大学の原広司研究室の集落調査やB・ルドフスキーの『建築家なしの建築』に興味を持った塚本は、幼少のころから動物や昆虫などの野生の生態に興味を持っていた。彼は原体験として虫取りや磯遊びを語る。「虫取りでは、虫を直接探すのではなく、虫の好きそうな場所を見つける」という言葉から（筆者インタビューより）、生き物自体への関心だけでなく、生態系でいうハビタットへの関心が窺える。加えて、テレビ番組「野生の王国」や「素晴らしき世界旅行」で、生態学や文化人類学の世界に触れた経験も大きかった。1986年から94年に所属した東京工業大学・坂本一成研究室では、住宅建築の構成形式について主に研究したが、フィールドへの関心は継続していた。

メイド・イン・トーキョーから

　塚本は、未開社会や伝統集落のフィールド・サーヴェイと比較して、R・ヴェンチューリの『ラスベガス』やR・コールハースの『デリリアス・ニューヨーク』が現代都市のフィールド・サーヴェイとして成立していることに気づき（当時、コンペイトウの活動や今和次郎の成果も知っていた）、現代都市の問題としてどのように理論を打ち立てるかを考えた。そのころ留学していたパリで、ヴィム・ヴェンダースによる映画「東京画」を見て、そこに描かれた、日本人なら見慣れたはずの風景に、塚本は「チャーミングだな」「東京、面白いな」、さらには「帰ったら、こんなふうに東京を見たいな」という思いを抱いた。

　そこから、日常的に意外な機能や構造体が複合された建物の観察を始め、その後、貝島桃代とともに現在まで数多くのフィールド・サーヴェイを行っている。1996年のアーキテクチャー・オブ・ザ・イヤー（当時、磯崎新がディレクター）「建築の革命遊戯」に貝島が参加することになり、展覧会ができるようなアーカイブ化が始まる。そこでは、それまでに知っていたフィールド・サーヴェイやタイポロジーの方法論に習い、同様の図版、描き方で対象どうしの共通性と差異の分かる表現をひたすら繰り返すという手法がとられている。それによって見えてくる、人々の無意識のレベルで働いている空間実践の問題を明らかにしている。そして、メイド・イン・トーキョーはハイブリッドなもの、ペット・アーキテクチャーは極端に小さいものというように、2つをまとめたところで、フィールド・サーヴェイとしての面白さがはっきりしてきたという。このころは、それ自体を論文にしたりすることはせずに、ジャーナリスティックな視点で実行しており、まさに現代都市の現場からの報告だった。

　初期の彼らのサーヴェイには、メイド・イン・トーキョーやペット・アーキテクチャーのように、既存の建築学の枠組みにおいては、明確な型として捉えられ

ないものが多い。これを塚本は「原型のないもののフィールド・サーヴェイ」といい、それに対して、金沢で町家を対象に行った調査（「金沢　町家　新陳代謝」）を「原型のあるもののフィールド・サーヴェイ」と位置づける。前者は、近代の教義によるいわゆる近代建築ではなく、近代の技術を用いた、より実践的な環境創造の姿を捉える。後者は、対象（たとえば町家）の本質を、それが何に取り囲まれているか、どのような条件によって成立しているか、それによってどのように変態しうるものなのか、といった生態系との対応として現れる本質において捉えている。その結果として、町家では、そこで得た知見を現代の条件において応用する設計の方法論への転換が試みられた。

日常性、ふるまい、コモナリティ

2007年の「ノラ・ハウス」の発表に合わせた論文「建築の『ビヘイビオロジー』」では、建築が関わる3つのふるまい（光・風・熱・雨のふるまい、人や自動車やモノのふるまい、街や風景のなかでの建物のふるまい）を示し、「住宅のような毎日の繰り返しのなかに位置づけられる建物において、それらを有機的に関係づける」ことが、生き生きとした空間的実践につながると述べている（塚本由晴「建築の『ビヘイビオロジー』」『新建築住宅特集』2007年12月号、109頁）。

ふるまいを理解する方法の基本はタイポロジーである。通常、タイポロジーは事物の観察を通して共通して現れる特徴を明らかにしてくれるが、塚本たちはさらにその背景を扱う。ある地域において、ある建築が類型として成立していることを「そこに住む人々が、建築の型を共有している」（アトリエ・ワン『コモナリティーズ——ふるまいの生産』LIXIL出版、2014年、9頁）こととして捉え、「自分たちの地域や町にはどんな建築の型がふさわしいか、わかっている」（同上、9頁）と述べる。

また、人々のふるまいについても、たとえば広場における気ままなふるまいなどに、個別のものではなく主体の違いを超えて場において反復される型を見出す。同時に人が持つ、ふるまいを身につける能力にも着目する。どちらも人々による型の共有とそれに関わる能力の発見といえよう。このふるまいとその共有についての一連のリサーチが『コモナリティーズ』としてまとめられている。

「メイド・イン・トーキョー」では、記録の写真と投影図による解説が併記される

フィールド・サーヴェイの成果は、書籍としてまとめられる。上の4冊は東京工業大学大学院の授業「建築空間設計特別演習」の成果ブックレットの一部

---GLOSSARY---

考現学　民俗学者・今和次郎により提唱された。過去に人類が残した痕跡を扱う考古学に対し、現在の生活や風俗を対象とし、その分析を行う。今は関東大震災直後の東京の状況を記録し、さらに銀座を対象とした都市風俗に関する調査を行った。

建築の「ふるまい学」　「光・風・熱・雨のふるまい」「人やモノのふるまい」「街や風景のなかでの建物のふるまい」のように、自然の摂理の不変性、暮らし方の習慣性、建物のタイポロジーやその集合のパターンの反復性を理解し、その関係に意識的に介入することを、定義としている。

アクターネットワーク理論　1980年代にブルーノ・ラトゥール、マイケル・カロン、ジョン・ロウにより最初の理論が提示された。人やものの実在をそれ自体だけに還元するのではなく、関係性により位置づけ、さらにその関係性の総体を捉えようとする。初期には科学技術が対象とされていたが、近年、人類学や社会学に応用されている。

塚本由晴の視点

塚本研究室のフィールド・サーヴェイは、伝統都市や現代都市の静的な姿を探るのではなく、歴史を継承しながらも、社会情勢や文化の変容に応じて変化する構築環境のあり方、さらにはそこでの人々の活動も含めた動的な姿を明らかにする。

メイド・イン・トーキョーやペット・アーキテクチャーでは、ハイブリッドや極小の空間に現れた、現代都市の先鋭化した一見非合理な合目的性を見ることができるし、金沢の町家研究においては、伝統町家の本質と向き合いながら、現代に残る変容した町家の姿を語る建築の言語を導き出している。これらに共通しているのは、空間の背後で作用している現代都市の居住や経済の営みへ向けられた視点である。そうした関心は、「ふるまい学」と「コモナリティーズ」のコンセプトを確立し、建築という存在を中心とした、人・もの・ことのつながりの考察に発展している。たとえば、ふるまいの共有の分析では、「コペンハーゲンの橋」のように、橋という形式とそこでの人のふるまいだけでなく、走り抜けるカスタムバイクや石貼りの床面、さらには欄干に蓄えられた熱のような自然要素と建築との関わりにも着目している。橋の床や欄干、自転車、ピザなどのさまざまなもの、床を暖める西陽という自然要素、それらすべての関係のなかで、ある範囲の空間を人々が領有する、このような場所とふるまいの相互連関を見出している。

塚本により日常的に行われる観察の記録。　①墨田は花火もすごいが、路上占拠もすごい。　②建物の隙間で坂の階段とアパートの階段が別々につくられながらも見事に連続。　③畳まれた坂（進入禁止）。　④見た目はランダムだが、すべてが理にかなっている家

「金沢　町家　新陳代謝」より

建築と産業との関わりについては、建築が事物の連関で、様々なものを利用しないと成立しないことを指摘し、材料、技術、社会制度、経済など、一つの建築をつくるということは、様々なアクターがネットワークされた結節点に建築が成立する（アクターネットワーク理論）ことだと捉えている。その例として、一方に建設産業が用意するアクターだけを使ってつくられる現代のマンション（経済、売りやすさ、貸しやすさ、ローン、金融）があり、もう一方に、昔からの集落で成立している、自然の材料やコミュニティの人々が持っている建設技術、住む人そのものの持つ技術などのアクターでできているものを挙げている。近代の産業構造的なネットワーク（前者）とエスノグラフィカル（民族誌的）なネットワーク（後者）があり、その２つに引き裂かれている建築、その両方にまたがり２つを統合している建築があるという。そこにはネットワークの質の問題があり、人々にとって幸せで持続可能な、結果として利他的なネットワークの必要性を訴える。

近代の産業構造に取り込まれていくなかで、フィールド・サーヴェイを続けていくと、エスノグラフィカルなネットワークの存在やその重要性を意識しながら建築を作ることができると塚本は考え、創造力の次元でエスノグラフィカルなネットワークに建築を位置付ける感覚を涵養する、フィールド・サーヴェイの必要性を述べる。建築と環境の形式と、それらを成立させたネットワークを明らかにすることで、既存の環境の背後にある人、技術、自然、文化、習慣によるネットワークと、現在、自分たちが利用可能なネットワーク（たとえば、現代の建築産業）がどのように異なっているかを知り、次世代の環境創造につなげることができるのである。フィールド・サーヴェイは塚本のいうように建築に連関したネットワークのサーヴェイであり、そこでの探求は次なる建築の「クリエーションの問題」である。

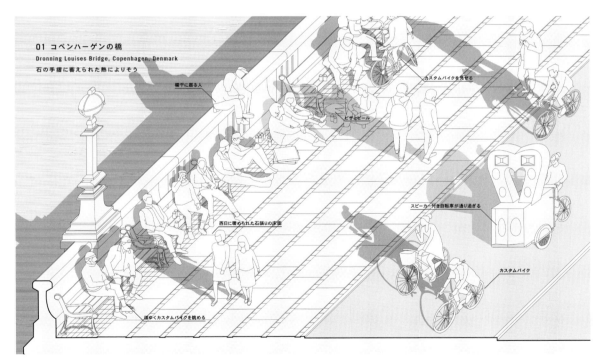

空間を領有する橋上のさまざまなふるまい（『コモナリティーズ』LIXIL出版、52頁）

塚本研究室のフィールド・サーヴェイ、その方法

塚本研究室で、現在進行中のフィールド・サーヴェイとして代表的なものに「Window Scape 窓のふるまい学」がある。そこでは、従来のフィールド・サーヴェイ手法へより接近した展開を見ることができる。実測を行い、ものをサーヴェイする方法に取り組むと同時に、人や景観など窓の周りにあるさまざまなふるまいを取り扱う。

「Window Scape 窓のふるまい学」の中心として活動している能作文徳（当時塚本研究室助教、現東京電機大学准教授）に話を聞いた。

「窓学」は、YKK AP窓研究所との共同研究として始まったプロジェクトであるが、同じ時期に、能作が窓の反復をテーマに修士論文をまとめ、そこから博士課程へ進学したこともあり、担当として進めることとなった。能作の修士論文は、建築家の住宅作品を対象とした書籍資料に基づいた研究であったが、実際に見に行くことで分かる面白さを求め、ヨーロッパの都市の窓を対象とした調査を行う。ル・コルビュジエによる小さな家では、庭に設けられた壁面の開口部であっても、内側と外側という関係性をつくれることや、カフェでは、窓の周辺が人の居場所になっていることの気づきを得たという。塚本のいう「ふるまい」の調整装置として窓を見ることで、発展の可能性を感じた。続いて訪れたトルコでは、宗教や気候の差として、建物の中庭側に向かう出窓やモスクの窓、また、肌をさらすことのできない女性の居場所としての窓などの、さまざまなふるまいを調整するための窓を見出し、スリランカにおいては、ガラスが入っていない窓が多いなかで、あえてガラスを設けることで庭の緑と近づくことができるというような発見がなされた。その後3年間継続して進めている窓学であるが、先ほど述べた「窓のふるまい」が全体を論じる考え方となっている。

調査と分析・表現のプロセスは次のようになる。

① 窓の検索　窓のフィールド・サーヴェイにおける進め方は、書籍やインターネットを通した情報の入手から始まる。そのなかで、メンバーが面白い窓を見つけてきて、そこからさらに手に入る情報を網羅的に集めていく。つまり、特定のフィールドに焦点を定めて調査を始めるのではなく、窓に対する視点の幅を広げることが先にあり、それを実証するためのデータとしての現地調査があるといえよう。

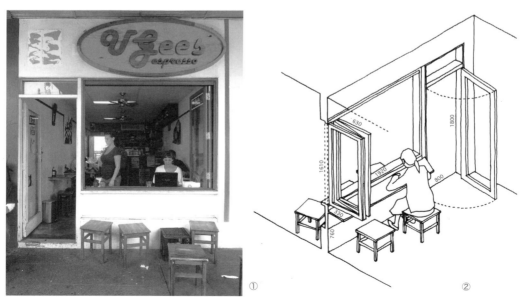

オーストラリア・ブリスベンのカフェ。窓台を内外双方からカウンターとして使える
（東京工業大学塚本由晴研究室編『Window Scape 窓のふるまい学』フィルムアート社、2010年　①231頁、②230頁）

9　日常性、ふるまい、ネットワーク　81

研究室の廊下に貼られた調査報告

手書きの軸測投影図により、詳細と独特の空気感を再現

② 現地調査　調査では、塚本と学生が同時に現地を訪れることもあれば、別々に調査を行うこともある。現地においては、窓を実測し、窓の内外の撮影を行う。それに加えて、インタビューにより使い方の把握を行っている。協力者のなかには窓を使っている様子をデモンストレーションしてくれる人もいる。インタビューでは使い方だけではなく、たとえば、ものづくりの現場においては、製造工程などについても聞き取りを行っている。

③ ピンナップ　研究室の廊下一面に調査結果の写真やスケッチをピンナップして、内容を一望できる状態にしている。壁面には、特定の対象のみではなく、複数の対象が同時に多角的に掲載されている。

④ 実測図のCADデータ化とハンドドローイング　実測した内容をCADによって3Dデータにし、断面詳細図と軸測図にする。データとしてはそれで十分かもしれないが、居場所としての窓や手作りでできている状態を伝えるために、あえて手書きでトレースし直している。調査の息吹が感じられるようにという思いが表れている。

⑤ 出版　調査の成果は書籍として出版され、社会に公表される。同様に塚本が担当する授業においても毎年の成果がブックレットとしてまとめられている（77頁参照）。

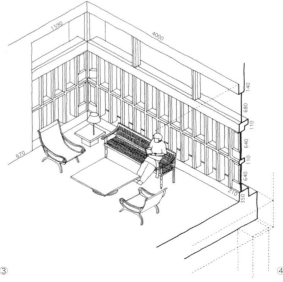

ジェフリー・バワの別荘、ルヌガンガの客室棟の窓。人の背丈のところで桟を分節している
（『Window Scape 窓のふるまい学』③101頁、④100頁）

フィールドと理論の広がり「窓のふるまい学」の理論的展開

塚本研究室のフィールド・サーヴェイは、理論的枠組みとそれにふさわしい対象によって行われる。調査は地理的な範囲によって限定されるとは限らず、また、対象範囲が同様でも理論的な展開がなされる。「窓のふるまい学」における展開をその理論的枠組みによって紹介する。

「窓のふるまい」

Window Scapeによって提示された「窓のふるまい」は3つである。1つめは、光・風・水・熱などを窓がどのように調整しているかという、自然要素のふるまいである。2つめは、光や熱に誘われて人が窓に寄り添い、窓を開け締めするという、人のふるまいであり、人がそこにいて街路を眺めるなどのふるまいが誘導されるものでもある。3つめは、窓の反復や重なりなどの、窓自体あるいは建物に窓が集合したときのふるまいである。この3つが重なり合う図式により論が展開されている。

現地における複数の調査が、その後の仮説立案のきっかけとなったエピソードも聞くことができた。初年度の調査地はヨーロッパからトルコ、スリランカと移っているが、寒さが極端なロシアや、建築のつくり方としてプリミティブなアフリカは対象地にはなっていない。調査対象とした窓のある地域には、都市が発展するのに必要な海への近さや水との関係が現れており、そこには、都市的、文化的さらには複合的な窓の在り処を探るサーヴェイとしての窓学を見ることができる。そのうえで、その仮説のまま、窓学はまとまってはいない。ヨーロッパからアジアに至るユーラシア大陸南側を、彼らのいう「窓のコーストライン」として、窓が伝搬して変形していく道として考えたとして、それを書籍として紹介する段階になったときに、国ごとの紹介になってしまうという懸念があったそうである。そこで、最終的には「窓のコンセプト」として、窓のふるまいによる分類によって窓ごとの紹介になるように全体の物語ができている。

Window Scapeの展開

Window Scapeにおいては、自然、人、窓の集合の枠組みが提示されたが、個別の窓についての読解が中

ベルギー・ブルージュの十字格子の窓。当初、石造りでできていた十字格子の窓が、木製になる。あわせて、産業革命時にはガラスが大判になり、技術を利用しながらフランス式の窓もつくられる(系譜、生産)。役所において断面形状がアーカイブされており、変更の場合は承認が必要である。環境的には、近年、ペアガラスが求められるが、それに合わせて樹脂窓とすることは許されず、木製窓で、断面形状が厳密に指定される(系譜、制度)。

ベトナム・ハノイのフランス窓。フランス植民地のベトナムではフランス窓の連続する街並みが見られるが、気候に対応するために庇などの工夫が施されている(系譜、自然)。初期のフランス窓(第一世代)に対して、土着化したフランス窓(第二世代)がある。さらに、室外機を窓外に設置したり、室化するなど、アジア人のふるまいが反映されている(人のふるまい)。すでにフランス本土では見られない大型のフランス落としがベトナムでは残っており、制作技術も伝搬・伝承している(系譜、生産)

心であったことから、窓の集合について掘り下げたものとしてWindow Scape 2での調査が行われた。窓の集合を語るうえで、集合した窓のふるまいである反復を、形態の問題としてだけではなく、その背景にまで踏み込んで理解しようという試みである。

集合した窓のふるまいを議論するうえで考えられた観点は3つある。1つめは歴史的な背景としての「系譜」であり、都市的な建築のタイプとそれに対応した窓の関係である。2つめは「生産」の問題で、窓を反復するうえで生産の問題を切り離すことはできず、現場でつくられる建築のなかで、窓が職人の工房や機械化された工場でつくられて持ち込まれるという側面に着目した観点である。3つめは「制度」の問題であり、法規やガイドライン、基準といった制度が窓を誘導するという観点である。

このように「窓のふるまい学」においては、人・自然・窓のふるまいといった窓自体に関わる現象の考察から、系譜・生産・制度といった窓の成立に関わる考察へと思考が展開している。

Window Scape 3 窓の仕事学

「Window Scape 窓のふるまい学」と「Window Scape 2 窓と街並の系譜学」を通して浮かび上がってきた現代の行き過ぎた産業社会への批判から、伝統産業の現場にある窓を通して窓に関わる知性を抽出しようと現在進行しているのが「ものづくりと窓」である。伝統産業においては、製作する人だけでなく、もの、さらにそのための環境をうまく制御することによってものづくりが成り立っている。そのなかで窓は、光や熱などの環境を調整するものであり、外部の環境と内部の生産の場で起こっている特殊な環境を調整する役割を果たしていることが見出されている。彼らはそれを「相互連関」と呼び、窓を中心とした相互連関の図式化が試みられており、その一連の分析を通して1～2巻で見られた尺度が提示される。

このように塚本とアトリエ・ワン、塚本研究室の研究は、バラバラに分析的に理解されてきた現代の空間に関わる問題を、「ふるまい学」をコンセプトとして、ものごとの相互連関の体系として今後も明らかにしてくれるだろう。今後も、新たな空間とその実践のための理論が提示されることが期待される。

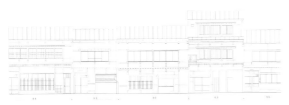

飛騨古川のアルミサッシと格子。アルミサッシと格子による窓が連続する街並み。全体性や調和と考えられるものを乱す行為を住民や職人が理解し、その行為を現地では「相場崩し」と呼ぶ。出格子や出窓を支持する肘木があり、そのデザインは職人によってさまざまなものがつくられている。行政による制度がなくとも街並みの維持が実現している。伝建地区から少し離れた地域に着目することで、住民の自主的な制度を見出すことのできた例である

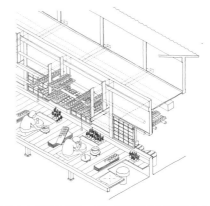

ものづくりと窓(益子参考館の工房)。明かりとりや通風など、ものづくりに必要な環境を窓がつくりだし、その窓の周りにものづくりの様々なふるまいが現れている

IV 都市に堆積した時間を紐解く

10 都市の歴史を掘り下げる

――― 法政大学 陣内研究室　陣内秀信

活動期間：1973〜2018年
主なフィールド：イタリア、東京、中国、アラブ地域、地中海地域
研究室キーワード：都市史、建築類型学、都市組織、空間人類学、水都学、テリトーリオ

きっかけ

　1960年代後半からさまざまな大学でデザイン・サーヴェイがさかんに行われていた70年代初頭、八王子セミナーハウスで開催された「デザイン・サーヴェイ協議会」に陣内はオブザーバーとして参加していた。自身が所属する東京大学・稲垣栄三研究室では行っていなかったフィールドワークから刺激を受けたいと思い、交わされる議論に耳を傾けた。その後、他大学の集落調査に参加したが、陣内の関心は都市に向いており、時間軸を入れてフィールドワークを行う都市史研究を目指したいと考えるようになった。

イタリア留学

　1973年11月にヴェネツィア建築大学へ留学し、ムラトーリ学派と呼ばれる研究者たちの都市分析方法である「建築類型学」の手法と「都市組織」の概念を学んだ。それぞれを通して、建築や都市の成立と変容の過程を明らかにしていく様は、実に鮮やかであった。

　陣内は、本のなかにあった地区全体の連続平面図を手に携え、ヴェネツィアの街をくまなく歩き回った。中庭や行き止まりの路地まで入り込んだり、ときには家のなかを見せてもらったりすることもあった。また、サンタ・マルゲリータ広場では総合的な調査を行い、広場を中心とした地区全体の形成過程を辿るとともに、古文書館で不動産台帳を手繰り、住民構成や建物の用途、所有形態などを明らかにしていった。そのうえで、現在の使われ方とそこでの一日の生活の様子を観察した。

　さらに建築と生活を観察しながら都市の全体像をつかもうと、南イタリアの小さな街チステルニーノでも

フィールドワークを行った。住宅は石造のヴォールト天井で覆われ、その壁は漆喰で白く塗られており、街路からは外階段があちこちへ伸びていた。こうした造形的な都市空間に魅了され、ヴェネツィアから夜行列車に乗って何度も訪れ、住宅や街路の実測を行った。

　このときにはすでに、都市空間を歴史的な視点から解明するだけでなく、そこで営まれる生活にも注目する姿勢の萌芽が見られる。

東京研究での応用と発展

　1976年に日本へ戻り、法政大学で教鞭を執るようになると有志の学生を集めて毎週のように歩き回り、下町の下谷・根岸を東京研究のフィールドに選んだ。江戸や明治の形式を残す町家や長屋がまだ存在していた土地で、江戸時代の切絵図などの古地図と現代の地図を照らし合わせて都市構造を把握し、明治期の地籍台帳などを使って敷地割や地域の社会経済構造を解明していった。そして、地域のさまざまな建築類型の成立と展開を明らかにした。

　その後、東京全体の都市構造を理解しようと、近代の東京を支えた山の手に目を向けたとき、古い建物があまり残っておらず、建築そのものを通して都市を読むことの限界に直面した。しかし、研究の関心は建築の悉皆調査ではなく、現在の都市がいかにして成立しているかを解明することであり、空間構成の原理を探ることであったため、視線を地面へ落とし、敷地割や道路パターン、地形、そして土地利用の系譜から都市構造を理解しようとした。こうして描かれたのは、生活の場としての都市空間であり、場所の意味を探る思考は「空間人類学」と名づけられた。

各地での展開

その後、陣内研究室はさまざまな国や地域で調査を展開した。北京では古地図の『乾隆京城全図』を用いて住宅の類型化を行う一方、会館や旅館、銀行といった都市施設にも着目した。イスラーム世界では迷宮状の都市空間のなかに、近代の機能性・合理性とは異なる秩序を見出し、その内部で受け継がれてきた中庭を中心とする生活空間を調査した。そしてサルデーニャ島では、自然条件や社会・経済条件から人間の営みと場や空間との関係性、そして意味を読み取るべく、田園のなかの遺跡や教会などの宗教施設と祭礼を調査し、湧水や聖域を通して地域構造を読んだ。また、イスラーム文化との融合と変容が見られるスペインのアンダルシア地方では、都市と田園の関係性にも目を向け始めた。

水都学、テリトーリオ

研究対象として水都を設定したことも、陣内研究室の特徴のひとつである。ヴェネツィアから始まり、江戸東京の河川や運河・掘割、中国江南の水郷都市、アムステルダム、バンコク、瀬戸内海をはじめとする日本の港町を巡った。さらに近年では、ドイツや米国、英国と、世界各地へフィールドを広げて、近代化のなかで負の遺産となった水辺空間を再考し、形態や機能、意味の変遷を辿った。そして、その価値を再発見し、復権・再生するための新たな学問体系として「水都学」を提唱している。

また、イタリアのアマルフィ海岸やプーリア州、ヴェネト州の河川流域などでは、都市を成立させている地域（テリトーリオ）構造を歴史的に理解する地域史へと発展している。

古地図と実測

陣内研究室が行うフィールドワークは約1週間の短期間であるが、現地に入る前から調査地の古い地図や都市図と現状の詳細地図をていねいに見比べ、特徴的な都市組織の地区を調査候補として予め選んでおく。調査地に着くと、まずは新旧2つの地図を持って歩き、都市全体を大まかに把握する。こうして事前の情報と照らし合わせながら、都市の形成過程や建築類型の発展段階が理解できるような建物や都市空間を実測対象として絞り込んでいく。現地調査は、陣内によるインタビューと学生による実測をメインに行われた。

一方で、なるべく現地の図書館や古文書館などに出向き、フィールドワークで得られた成果を裏づける史料を収集する。とくに、古い時代の不動産台帳とそれに添えられた地図は、都市組織の理解を大いに助けるものとなる。調査後は、清書した実測成果の図面と史料の間を行き来しながら、さらに分析、考察を深めていく。

調査地に共通するもの

世界中にフィールドを広げてきたが、そこには調査地選定の3つの条件がある。まず、建築や都市の空間自体が魅力的であること。それが空間の魅力を図化し、その背後にある歴史や文化を描き出したいという思いを強くさせる。次に、住民がホスピタリティを持っていること。建物内部を見せていただきながら実測し、ヒアリングをするためには欠かせない条件である。そして最後に、料理が美味しいこと。食べ物は精力的な調査を支えるためだけのものではない。自然と深く結びついた生活文化が成熟している地域では、料理も美味しい。冗談っぽく聞こえるかもしれないが、ここには日々の営みとともに、地域の歴史や文化を通して、生活の空間としての都市のあり方を描き出そうとする姿勢が通底しているのである。

---GLOSSARY---

建築類型学（ティポロジア）　建築単体を比較分類して、相互の関係から類型を抽出し、その成立と変化を究明する方法。建築は社会からの要請に応えて合理的な形態を形成するもので、類型はその時代の社会集団のなかで共有化されたひとつの概念であり、社会的産物である。

都市組織（テッスート・ウルバーノ）　都市空間を構成する建物の壁や敷地割、街区形態、道路網、オープンスペースなどの物理的な要素を都市組織と呼ぶ。都市を、上記の要素が複合的に関係し合い織り合わさることによって形成された組織体をなしている状態と捉える。その形成過程は物理的な形跡で空間に刻み込まれていると考え、都市組織の変化の軌跡を通して、都市の形成段階を解析する。

建築に刻まれた歴史の層を読む

陣内は留学時代から、実測を行いながら、都市空間の記述と解読を行ってきた。図面にはその方法論が表れている。

陣内は、複雑に見える都市空間がいかにして作り上げられてきたかに興味を持っている。とくに、それが造形的で美しいものであるとき、眼前の空間を写し取りながら、背後にある歴史の層を読もうとしている。

留学中は自らスケッチをし、地元の子どもたちに巻尺の片方を持たせて手伝ってもらいながら実測を行っていた。学生を連れて調査を行うようになると、建物内部の実測は主に学生が担当した。しかし陣内も簡単なスケッチを描き、インタビューで得た情報を補足するのに役立てた。実測物件は写真にも撮った。さまざまな角度から撮影したが、広角レンズでは歪みが生じるため、プロポーションや角度に細心の注意を払っていた。図面には細密な描写は必要としないが、建築類型学の手法を使って分析するためには、個々の建物の大きさや構造壁の位置を正確に写すことが非常に重要であった。街路でスケッチしていると、近所の人が野帳を覗き込んできて、そこから会話が始まって住宅内部を見せてもらえることも少なくなかった。

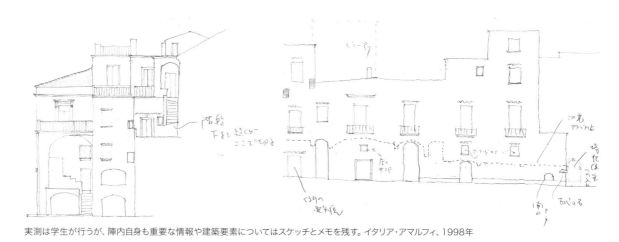

実測は学生が行うが、陣内自身も重要な情報や建築要素についてはスケッチとメモを残す。イタリア・アマルフィ、1998年

平面図と立面図を見比べて、建築類型の抽出を試みている。イタリア・アマルフィ、1999年

10 都市の歴史を掘り下げる　　89

調査のことが地元新聞の記者の耳に入り、取材を受けることもあった。
イタリア・モノーポリ、2008年

袋小路からいくつも外階段がのびている。イタリア・チステルニーノ、1975年

外階段やバルコニーが街路に張り出した複雑なファサードを丁寧に読み取る。イタリア・チステルニーノ、1975年

「生活」を書き取る

フィールドノートには、地図やスケッチと一緒に、インタビューをしながら書いたメモが記されている。その雑多な情報を整理するミーティングは調査中も欠かせなかった。

調査では、市役所の職員や郷土史家、教会の管理人から住民まで、さまざまな人に出会う。そうした人々にインタビューをして、野帳に情報を書き留める。ほとんど立ち話をしながらメモを取るため、話のスピードに合わせてどんどん書き込んでいけるように、あまり大きくなくて破れにくい厚手の紙のスケッチブックを用いた。

インタビューでは、街の歴史から居室の使い方や増改築の経緯などの建物に関する情報から、しまいには仕事や生い立ちなど家族のプライベートなことまで話が及ぶ。そのため、都市全体の概略図から住宅の平面図や家系図まで、さまざまなスケールの図が描かれ、引出線でメモを加えていった。情報の取捨選択はしないため、野帳は雑多な情報であふれている。名刺や店のカードも貼り付けてある。そして、食事のさいのミーティングでは、陣内の野帳と学生の実測図面とを突き合わせて情報を共有するのが決まりである。

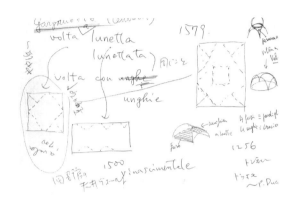

ヴォールト天井の種類と名称についてのメモ。建設年代の比定の指標となることが分かった。イタリア・アマルフィ、2002年

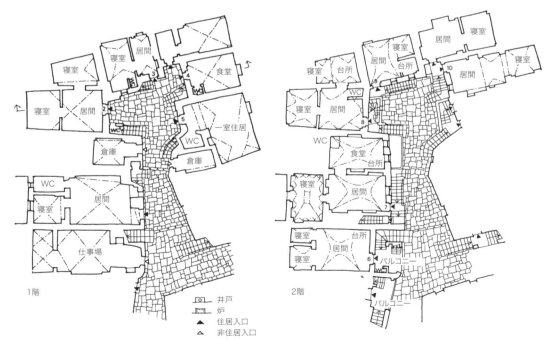

袋小路を取り囲む住宅群を外部空間も含めて詳細に実測している。イタリア・チステルニーノ、1975年
（陣内秀信『都市を読む――イタリア』法政大学出版局、1988年、225頁）

10 都市の歴史を掘り下げる　91

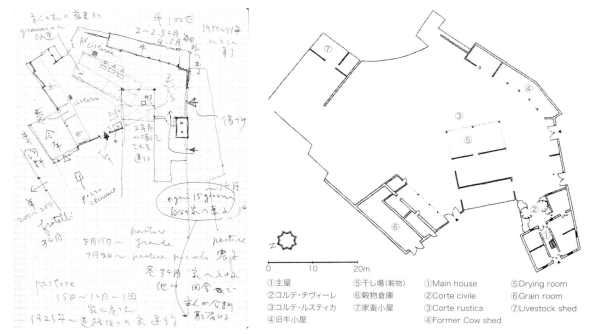

①主屋　⑤干し場(穀物)　①Main house　⑤Drying room
②コルテ・チヴィーレ　⑥穀物倉庫　②Corte civile　⑥Grain room
③コルテ・ルスティカ　⑦家畜小屋　③Corte rustica　⑦Livestock shed
④旧牛小屋　　④Former Cow shed

農家を実測した際にインタビューした増改築の過程と家畜の飼育についてのメモと清書した図面。
イタリア・サルデーニャ、1993年（陣内秀信編『南イタリア都市の居住空間』中央公論美術出版、2005年、467頁）

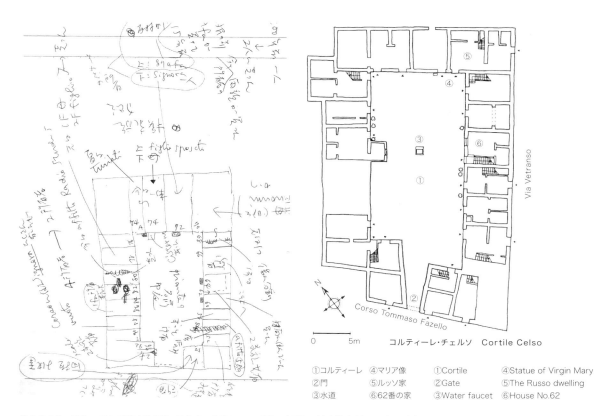

①コルティーレ　④マリア像　①Cortile　④Statue of Virgin Mary
②門　⑤ルッソ家　②Gate　⑤The Russo dwelling
③水道　⑥62番の家　③Water faucet　⑥House No.62

袋小路全体の建物の所有形態や世帯数、居住者の生業について聞き、空間から社会構造を探る。右は清書した図面。
イタリア・シチリア島シャッカ、1995年（前掲『南イタリア都市の居住空間』416頁）

フィールドで考えたことをかたちにする

東京で始まった学生とのフィールドワークは、その後、洋の東西を問わず行われ、多くの学生が参加した。フィールドで体験した空間をさまざまな手段で表現し、その背後にある歴史やそのなかで営まれる生活まで記述するという経験が一番の教育であると陣内は考えていた。

フィールドワークから戻ると、実測図面の清書と並行して、調査で得た情報の分析を行う。建物単体の建築類型学的分析と都市組織論的考察との往還を繰り返しながら、その都市の形成過程を解き明かしていく。そして熱が冷めないうちに、しばしば雑誌や業界紙の特集、連載記事で発表し、ときには私家版の調査報告書をつくって、成果を形にして残すことに努めた。その結果、それらをまとめた単行本を多く上梓することができた。また、調査でお世話になった住民には、調査中に一緒に撮った写真を添えた礼状を帰国後すぐに出し、成果物ができると次の年には持参して渡し、調査地に還元するよう心がけた。それが現地の出版社の目に留まり、翻訳出版につながることもあった。

都市を構成する建築のあり方や歴史的な建物で暮らす生活などを考察し記述する訓練を受けた学生たちは卒業後、アトリエ事務所や組織設計事務所、住宅メーカーなどの建設業、行政や民間コンサルタントでの都市計画、さらに出版業界など、幅広い分野で活躍している。また、調査で体験した海外の生活と建築文化に惚れ込んで留学を決め、それぞれの国や地域をフィールドとする研究者に育った者も多くいる。

イタリアで出版されたアマルフィ（①）とサルデーニャ（②）の研究成果。サルデーニャに関する本は、イタリア語、英語、日本語、さらにサルデーニャ語も併記され、2008年には「サルデーニャ建築賞」が与えられた

2000年ごろからは私家版の調査報告書も毎年のように作成している

留学から30年以上経て、学生たちと行ったプーリア州でのフィールドワークの成果を展示する機会を得た。
イタリア・チステルニーノ、2011年

10　都市の歴史を掘り下げる

調査をさせていただいた住民のもとへ調査報告書を携えて再訪するよう心がけている。イタリア・ガッリーポリ（2006年）とイタリア・モノーポリ（2005年）で

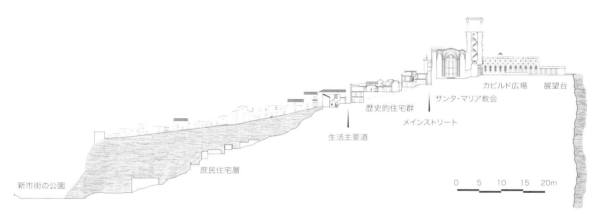

建物だけでなく、都市形態にも目を向ける。スペインのアルコス・デラ・フロンテーラ、2003年

11　全球都市の分析手法を開発する

――― 東京大学 村松研究室　村松　伸

活動期間：1988年（単独研究室として2004年）～2020年
主なフィールド：アジア
研究室キーワード：都市環境文化資源、メガシティ、なかなか遺産、mAAN

都市をくまなく歩く

　1990年代末から2000年代にかけて、ハノイ、バンコク、ジャカルタ、さらにはウランバートル、サマルカンドと、村松と彼が率いる東京大学生産技術研究所の学生たちは、東南アジアや中央アジアの諸都市を旺盛に調査した。

　そのさい、いずれの都市でも、あるフィールドワークを最初に行った。それが近代建築悉皆調査である。この調査は、日本と現地の学生が一緒になって街なかに残る近代建築を悉く記録していくというもので、特定の地域を微に入り細を穿って調べる前に、まずはその都市の全体像をつかむべきという考えから生まれた。

研究室の遺伝子

　しかし、この手法は、村松が単独で築き上げたものではない。村松が助手として所属していた藤森照信研究室、さらには藤森が所属していた村松貞次郎研究室から継承したものだ。

　1970年代の日本で、まだ学生だった藤森を中心として、このフィールドワークは本格化した。当時、近代建築への社会的関心は低く、明治時代の建物の一部がリストになっているくらいで、研究者ですら街に近代建築がどのくらい残っているか知らなかった。そこで藤森らは、街をくまなく歩き、近代建築を記録することを思い立ったのである。

　当初この活動は小規模だったが、やがて他大学の研究者を巻き込んで日本全国に広がった。その集大成として『日本近代建築総覧』（技法堂出版、1980年）が刊行され、そのリストは日本の近代建築史研究のプラッ

トフォームとなった。

　こうした学術的プラットフォームづくりは、その後アジアへと展開する。それを主導したのが村松であった。1980年代から90年代に中国諸都市で調査を開始し、その後、冒頭で述べた都市へと拡大していったのである。

過去と未来の架橋

　村松の当初の関心は、アジア各地の近代建築の歴史を紐解くことにより、西洋を中心に語られがちだった近代に、アジア独自の視点を見出すことにあった。しかし次第に彼の関心は、現代都市が抱える問題をいかに解決するかに移っていった。

　近代とは、ほんの少し前の過去である。そのため近代建築は日常的に利用されている場合が多く、歴史遺産である前に人々の生活基盤である。近代建築が現在的存在であるというこの点を村松は強く意識し、しばしば「遺産」の代わりに「資源」という言葉を使った。近代建築は単に残されたものではなく、私たちの生活に直結し、将来にわたって都市に豊かさをもたらす資源だと考えたのである。

　しかし、1990年代は、折しもアジアの街並みが大きく変化していく時期であった。近代建築はたとえ利用されていても、人々からさして関心を寄せられず壊されるばかりで、都市は魅力を失いかけていた。そこで村松は、フィールドワークによって都市に埋もれた近代建築という資源の総量を可視化しながら、これからのアジアの都市に本当に必要な資源は何かを、現地社会に問いかけるという姿勢を強めていった。

　現地調査では、日本と現地の学生がともに歩き、その都市の未来について議論した。さらに、調査を通し

て明らかにしたアジアの近代建築の多様性とそれを育んだ叡智を後の世代に継承するため、藤森の下で学んだ仲間たちや現地のカウンターパートの研究者とともに、mAAN（modern Asian Architecture Network）を組織した。これは、都市の過去と未来をつなぐための、学術的かつ社会的なプラットフォームとなった。

都市環境文化資源から地球環境へ

近代建築を豊かな都市をつくるための資源と読み替える。このことで、藤森から継承した近代建築悉皆調査は、建築以外の要素にも目を向ける調査へと発展した。資源という枠組みで考えるなら、対象を建物に限る必要はないからである。街なかに残る古い大木などの自然物や、歴史的な橋や水門などの土木構築物も未来をつくる資源になる。

アジアで得た活動のノウハウや成果は、日本にも還元された。2008年に実施した渋谷の調査では、これまでの方向性を先鋭化させ、建物や植物にとどまらず、人間や音、はてはネコまで資源と捉えて、街の魅力を切り取った。そうすることで、従来の建築史学が取りこぼしたり無視したりしてきたものを再評価しようとした（いわゆる立派な建築ではないが、その地域を物語るにふさわしい建築を、村松は「なかなか遺産」と呼び、近年共感を得ている）。また、街の資源を見つけ出すフィールドワークは、小学生の環境学習プログラムや市民との街歩きにも応用された。

現在、村松はこうした資源の総体を「都市環境文化資源」と呼ぶ。「都市の未来をどのようにマネージメントすべきか」という現代的な問いに建築史家として答えようとする村松が行き着いた、ひとつのキーワードである。

だが一方、この問いに向き合えば避けて通れない課題が、村松の前に立ちはだかった。地球環境問題である。2007年に都市人口が世界人口の半数を超えたの

を機に、都市と地球環境との関係に世界が注目した。とくにアジアの都市を研究対象とするものにとって、この課題は無視できないものだった。都市人口の増加はアジアにおいて顕著で、人口1000万人を超えるメガシティが数多く出現しているからだ。村松はこの大きな課題に取り組むことを決め、2009年、京都の総合地球環境学研究所（通称「地球研」）を拠点として、メガシティと地球環境に関する「メガ都市プロジェクト」を開始した。

全球都市の未来

このプロジェクトの始動には、長年研究してきた中国の都市の変貌ぶりも村松の背中を押した。かつて心奪われた中国の都市がすっかり変わってしまったからだ。その姿に苛立ちと無力感を抱いた村松は、アジアの都市、さらには地球上の都市の問題に向き合うことを決意した。

しかし、世界の都市と地球環境の問題に立ち向かうには、より深く、多様な側面から現代都市を理解しなければならない。それには、建築史の研究者だけでは不可能で、異なるディシプリンの人々との学際的な調査が不可欠である。さらに、これまでの悉皆調査で実践してきた、都市をくまなく歩いて全体を把握するという手法も、都市域が広大なメガシティでは難しい。そのため、衛星画像を用いたヴァーチャルな悉皆調査と現地フィールドワークを組み合わせて都市全体の居住環境を分析するなど、新たな手法の開発に取り組んでいる。

このようにメガシティ研究の手法は、これまでと大きく異なる。だが、研究室の軌跡を辿ると、アジアをはじめとする世界の都市の未来を探るためにフィールドワークを進化させてきた結果だとわかる。全球都市の未来のためのフィールドワーク。その体系化に向けて、いまも研究室は前進している。

---GLOSSARY---

『日本近代建築総覧』　幕末・明治初期から第二次世界大戦にかけて建てられた日本の近代建築のうち、現存する主要なもの（書籍が刊行された1980年時点）を収録した書籍。日本全国および韓国、台湾の一部を範囲とし、その数は約1万3000件に及ぶ（日本建築学会編、技法堂出版、1980年）。

メガ都市プロジェクト　京都の総合地球環境学研究所で2009年から15年に実施された学際的プロジェクト。正式名称は「メガシティが地球環境に及ぼすインパクト」（研究代表：村松伸）。その成果はメガシティ叢書（全6巻、東京大学出版会、2016～17年）として刊行された。

都市を身体で理解する悉皆調査

歩く、歩く、歩く。対象都市にあることごとく(悉)すべて(皆)の道を歩いて観察する村松研の手法は、自動車や電車のなかった昔日の都市の大きさや特徴を身体で理解することにほかならない。

　村松研究室が展開してきたアジア都市の近代建築悉皆調査は、若い学生もしばしば倒れる、非常にタフな調査だ。

　調査では、20世紀半ばまでに形成されたその都市のダウンタウンを中心に、日本からの学生(ときに、まったく別の国からの参加者もいる)と現地の学生がコンビを組んで、あらゆる道をくまなく歩く。スクウォッターや軍・大使館地区など、緊張を求められる場所もある。そして20世紀半ばにすでに存在していたと思われる建造物や自然物があれば、地理空間情報とともに用途や構造、建設年代などを記録する。ただし、記録するかどうかは必ずコンビの相方と相談し、住民や関係者にインタビューしたうえで決める。建築だけで評価せず、必ず住民の話や地域の文脈に照らし合わせるのだ。

　こうした調査時のコミュニケーションを村松は重視する。たとえば2004年、インドネシアのパダンで調査を行ったとき、参加したマレーシア人学生のSは、最初に村松研の学生に調査の手ほどきを受け、それからパダンの学生と2人でチームを組んで調査を行った。Sは次のように言う。

「僕はパダンの人にとっては外国人。僕にとって価値があるように思えても、ここの人には価値がないと考えられているものもある。たとえば道路。オランダ植民地政府が昔計画した並木道は古くて美しいのだけれど、パダンの学生にとっては日常生活の道路。あたりまえすぎて対象として認識していなかったみたい。その逆に、彼にとって重要で、僕にとってはよく分からないこともあった。」

　悉皆調査を通じて、建築様式や構造、平面、文献からその建築の建設年代を判断する建築史の技法を学生たちは学ぶ。それに加えてこの例のように、自らの立ち位置や、なぜそれがその都市にとって重要なのかという点を深く掘り下げて話し合うことで、調査者自身はよりリアルに現場へと潜入していくのだ。こうしたことは、日本での悉皆調査では意識化されてこなかった。村松は多様な価値と歴史を持つアジアという場所

ゲイテッド・コミュニティの下で議論する村松とその学生。インドネシア・ジャカルタ、2009年

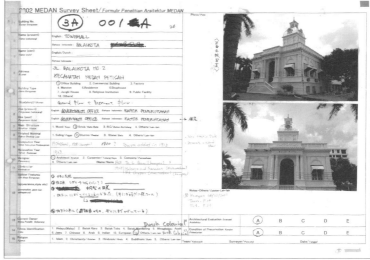

悉皆調査のデータシート。インドネシア・メダン、2002年

をよく理解しており、そこに即した調査方法を、そこで生きる相手とともに作り上げてきたのだ。

　村松は学生のころから、村松貞次郎や藤森照信による東アジアの悉皆調査を補佐・リードしつつ、1990年代から自ら東アジア以外の地域へと足を踏み出した。90年代にベトナムのハノイ、タイのバンコク（データ採取約1200件）に始まり、2000年代にインドネシアのメダン（786件）、パダン（1238件）、ジャカルタ・ボゴール（3429件）、パレンバン（1351件）、マレーシアのマラッカ（1418件）、モンゴルのウランバートル（857件）、ウズベキスタンのサマルカンド（550件）など、村松研究室では数多くの近代建築のデータをストックしている。

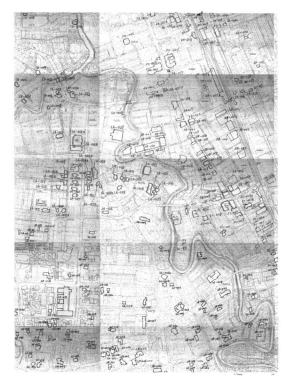

悉皆調査において採集した建築データの対応地図。インドネシア・メダン、2002年

調査前に研究室で念入りな議論と情報共有を行う。東京、2006年

悉皆調査風景。インドネシア・パダン、2004年

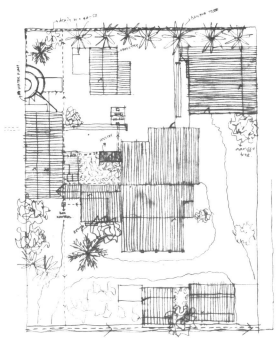

悉皆調査で発見した近代建築の配置図。インドネシア・メダン、2004年

情報技術の融合で、メガシティを描きとる

巨大なメガシティの出現とともに、従来の建築分析技法ではその全体像が捉えにくくなってきている。村松研はそんな都市の実相をつかみとるための手法開発にも挑む。

村松研究室では、メガシティと地球環境の関係を解明するため、2009年より、インドネシアの歴史都市ジャカルタを対象に学際研究プロジェクトを始めた。

メガシティは空間的スケールも巨大だ。住民たちの多様な生活空間を理解しようと思えば、現代の都市域に沿って居住環境の全体像を把握しなければならないが、実地調査だけではそれは不可能だ。では、従来の建築スケッチや実測ではつかみとれない巨大な都市の実相をどのように把握するのか。

プロジェクトでは、衛星画像やGISなどを駆使して都市全域の居住環境を分類するなど、新たな手法の導入を図ってきた。こうした手法はこれまでの建築調査法に加えて、情報化社会に対応した都市調査法として多くの都市研究者たちが現在さかんに取り入れているものである。村松研は、研究室が得意とする足で稼ぐ悉皆調査技術を、こうした最新の情報技術と融合させることで、都市を描きとろうとしている。

さらにこの研究は、地球環境まで踏み込んだ幅広いテーマであり、ひとつの専門分野では太刀打ちできない。そのため異分野の研究者とフィールドワークを行う機会も自然と増えてきた。たとえばエネルギー工学の専門家との共同調査では、ジャカルタのエネルギー消費量を推計するために、各家庭の住まい方調査と電力消費の計測を組み合わせた調査を行った。また農学や生態学の専門家とは、集落内の建物の実測と温熱環境の計測をして、ジャカルタの住民たちが狭い緑地やわずかな木々を巧みに利用して過密都市でも涼しく暮らしていることを明らかにした。近代と現代、アジア諸都市といった時空間の横断に加え、多様な専門分野を横断した学際的なフィールドワークが研究室に浸透してきている。

温熱環境に関するデータ測定。インドネシア・タンゲラン、2008年（村上暁信・栗原伸治提供）

11 全球都市の分析手法を開発する

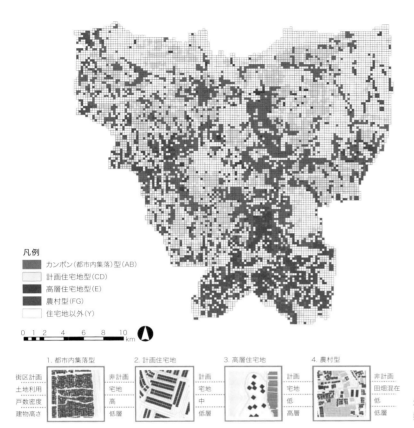

地域社会の暮らしをもとにした居住環境の類型図。インドネシア・ジャカルタ、2011年

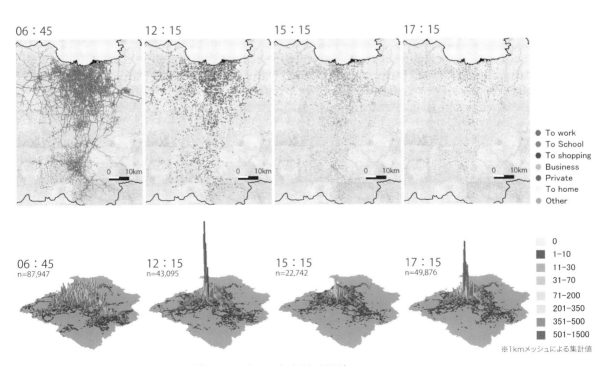

ビッグデータを活用した24時間の目的別人口動態図。インドネシア・ジャカルタ、2014年

アジア都市からの／への贈り物

近代化やグローバル化といった都市の変容とともに、村松研もまた変化・成長してきた。アジアからもらった成果はアジアへ返す。それは建築の情報であり、見方であり、そして人だ。

　村松自身の研究成果を紹介するには『上海』（パルコ出版、1991年）、『中華中毒』（作品社、1998年）、『アジアン・スタイル』（筑摩書房、1997年）、『アジア建築研究』（INAX出版、1999年）などは欠かすことができない。これらはいずれも悉皆調査やフィールドにおける資料収集など、村松がアジアを縦横に行き来して生み出した成果である。

　各都市の悉皆調査の成果については、『全調査東アジア近代の都市と建築』（筑摩書房、1996年）や『シブヤ遺産』（バジリコ、2010年）のように書籍の形で発信する以外に、現地の研究者や市民が利用しやすい形式で発信することも意識してきた。たとえばジャカルタでは、調査の成果を1枚の地図にまとめた「ジャカルタ・ヘリテージマップ」（2007年）を作成した。現地の人々がなるべく手にしやすい地図という形にして、現地で広く配布した。また、アジア各都市でリスト化した遺産・資源はすでに膨大である。そのため、より多くの人々がそれらにアクセスできるように、各都市の成果を統合したデータベースの公開と拡充を進めている（https://auecr.wordpress.com/）。

　2016年8月に刊行を開始した『メガシティ』シリーズ（全6巻）は、地球研で実施した巨大都市に関する先進的な学際研究の成果である。こうした学際研究やmAANの創設には、建築史家という面だけでなく、研究者を組織して繋げたり、都市遺産の価値を多方面に示したりする、村松の活動家的側面がよく表れている。

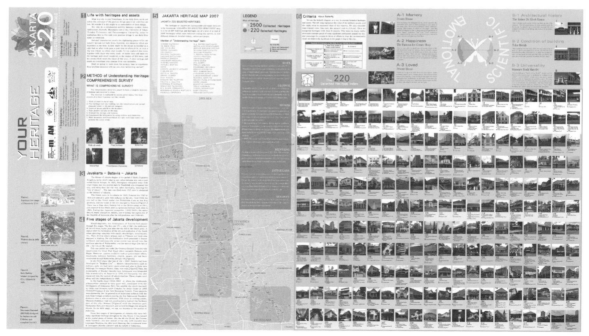

ジャカルタ・ヘリテージマップ「Your and Our Heritage 220」2007年

こうした村松個人の特徴は、研究室全体のそれにもなっている。村松研で学生たちが身につけるのは、建築や都市の歴史から現代社会の謎や課題につながる事象を鋭く見出し、それを自らの手で調べ、他者と話し合いながら、魅力的に編集・発信していくという姿勢だ。関野克、村松貞次郎、藤森照信の研究活動のフレームワークを継承した村松研は、こうした研究スタイルの大切さを、フィールドで学生たちに伝え続けている。

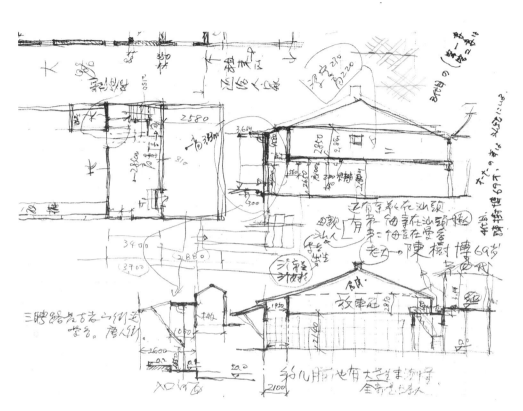

ショップハウス実測スケッチ。タイ・バンコク、2002年

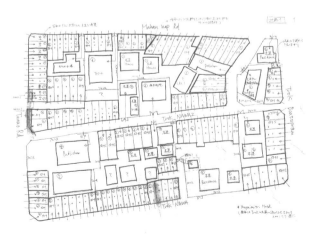

ショップハウス街区調査。タイ・バンコク、2002年

悉皆調査で集まった建築データ。マレーシア・マラッカ、2004年

V　居住文化から建築を読み解く

12　アジアへの視線

─── 北海道工業大学（現 北海道科学大学）・学習院女子大学 乾研究室　乾　尚彦

活動期間：1977〜2019年
主なフィールド：沖縄、中国、内モンゴル、台湾、フィリピン、インドネシア
研究室キーワード：伝統技術、地域の生態系、精神世界、ハレの世界、アジアの基層文化、映像記録

反近代・超近代──近代の相対化

　世界中の至るところで量産されていた「四角い箱」とも揶揄される近代建築の行き詰まり、そのことによる閉塞感、それに伴う反近代という思想の広がり。だからこそ、近代建築を超えたパースペクティヴを描こうとする潮流、そしてパラダイム（ある時代の支配的で規範となるような考え方や認識の枠組み）の転換に対する期待感と使命感……。乾尚彦が建築学科で学生時代を過ごした1970年代後半、とくに計画系分野では、このような雰囲気が充溢していた。建築学は構造系、環境系、計画系に分類されるが、このような雰囲気のなか、乾は4年次を迎え計画系の構法の研究室（内田祥哉研究室）に所属した。当時の内田研究室には安藤邦廣も助手として所属していた。また、主に建築計画、都市計画、農村計画分野をさす狭義の計画分野の他の研究室には、布野修司（吉武泰水・鈴木成文研究室）もいた。乾は、彼らをはじめ、計画系研究室の諸先輩から多大なる影響を受けたという。近代の相対化による反近代というスタンスや超近代への期待感と使命感を肌で感じ、乾の身にもそれらが染みついていった。

歴史と計画──視点の違いと棲み分け

　一方、歴史分野（建築史・都市史）には、イタリアから帰ってきたばかりの陣内秀信（稲垣栄三研究室）もいた。歴史分野も計画系に含まれるものの、上記の狭義の計画分野とは一線を画する。乾は、狭義の計画分野と歴史分野には、次のような違いがあったという。歴史は「事実」を大切にし、類型などを通してそれをつまびらかにするが、狭義の計画分野はその先も見すえ

なければならない。すぐには役に立たないかもしれないが、そのような目的意識がある。つまり「遠くに計画を見すえて」研究対象に接している、と。また、狭義の計画分野のなかにも、違いというか棲み分けが見られた。布野：都市、安藤と乾：伝統という対象の違いである。現代の建築にも役立つものを伝統的な技術から得たい、近代技術にないもの（発想の問題、哲学）も含めて得たい、それが乾のモチベーションであった。これらは、第三の技術、つまりパラダイムの転換が必要という上記の染みついた期待感や使命感にも相通じるものである。それにより、乾は新たな民家研究を始めることになり、そのアプローチや対象は現在の乾の研究にもつながっている。

新たな民家研究──伝統の総体化

　民家研究は、歴史（建築史・都市史）分野をはじめ、民俗学、民族学、文化人類学などでも広く行われていた。そこには、消えゆく伝統に対するサルベージ（救出）という大義名分があった。このサルベージという意味あいに加え、乾が始めた新たな民家研究には「計画研究としての民家研究」あるいは「生産システムとしての民家研究」という大義もあった。つまり、新たな民家研究とは、伝統を総体的に捉えることによるパラダイム転換を目指した基礎研究で、「生産システムを見すえた計画研究」と位置づけることができる。これは、デザイン・サーヴェイに基づく民家研究から、狭義のフィールドワーク（デザイン・サーヴェイとは異なり、比較的長期間、インテンシヴに行う人類学的な現地調査の方法）に基づく民家研究へのシフトという流れにも重なる。1960年代後半から70年代にかけて一世を風靡し

た、聖と俗、山と海、右と左、男と女……といった二項対立を居住空間に当てはめた「パズル」（R・エレン）のような住居の象徴論的研究に、当時の研究者たちは飽き飽きしていた。その反動からか、「厚い記述」（C・ギアーツ）による文化の理解を目指したフィールドワークも行われつつあった。この時期に、乾が安藤らとともに行った日本全土を対象とした調査研究も、この流れを汲んでいた。作り手や使い手など多様な視点から民家を捉えようとし、民家の技術のあり方をディテールから捉えることに重点を置いていた。

複眼的な視点と多角的な焦点

このように充実した調査研究を続けていた乾ではあったが、同時に物足りなさも感じていた。それは、当初から描いていた思いが十分には充たされていなかったからである。その思いとは、地域小集団による建築生産のシステムを把握したい、という知的欲求であった。日本では、茅葺屋根の葺き替えなどで地域の小集団としての地域共同体の相互扶助は見られるものの、伝統的な地域小集団による家づくりの全体や、伝統的な住まいや建築を一からつくっている様子はもはや見られない。「生きられた家」（多木浩二『生きられた家——経験と象徴』青土社、1984年）、「生きている住まい」（R・ウォーターソン『生きている住まい——東南アジア建築人類学』布野修司監訳、学芸出版社、1997年）そのものは、かろうじて見られた。しかし、それらが誕生してゆく様子は、見たくても見られない、見るすべがない、という状況であった。そのため乾の視線は、今でも「地域の生態系」の一部としての建築の生産システムが残っており、「生きられた家」や「生きている住まい」の生産や再生産がダイナミックに行われているアジアに向くようになった。生産システムにも目を向けた複眼的な視点の先には、アジアというフィールドが広がっていた。

アジアに目が向くようになった理由は他にもあった。当時、中尾佐助や佐々木高明、上山春平といった文化人類学者による「照葉樹林文化論」という刺激的な学説が流布していた。そして、それともリンクするアジアの基層文化や日本文化の源流に対し、多くの研究者が興味や関心を抱いていた。乾も感化されて、日本の住まいのルーツにも興味を持つようになっていた。アジアへの視線の先には、このような多角的な焦点も見られたのであった。

アジアへの視線と建築へのまなざし

アジアへと視線が向くようになった乾は、1981年からフィリピン・ルソン島での調査を行う。その後、インドネシアをはじめアジアの各地を訪れた。台湾では、ヤミを対象とした調査（1983年〜）を台湾国立成功大学と共同で行った。北海道工業大学に異動してからは、学生とともに中国・内モンゴル（1988〜89年）や韓国（1989年）で調査を行った。1992年以降、学習院女子大学（当時は学習院女子短期大学）への異動後は、中国の雲南南西部山地の稲作農耕民であるワを対象とした調査（1995年〜）や、沖縄を対象とした調査（2001年〜）も行っている。

当初は、建築や生活財の実測と図面化、建設工程の映像記録など、主に物質文化の調査が中心であったが、徐々に、建築とは一見離れた精神世界に迫るような調査へと移行していった。伝統的な建築が消滅しつつある地域においては、精神世界へ迫ることこそが、建築を本質的に捉えようとする建築へのまなざしにつながると考えたからである。

---GLOSSARY---

地域小集団の建築生産　地域に住まう小集団が、地域で調達した材料を使って、地域で継承されてきた伝統的な方法に従い、建築を再生産していくこと。このように再生産された建築は、「地域の生態系」の一部に位置づけられる。この生産方法は、近代的な生産方法の代替的な方法として注目されている。

祭祀空間　神々や祖先などをまつるための祭典や祭儀が行われるハレの空間。ここでは、人間と神々、人間と祖先との関係が顕在化する。また、地域共同体に生きる人間同士の社会関係も顕在化し、人々はこのような空間での経験を通して、地域社会における文化としての知識を身につけてゆく。

住まいの原型　1970年代前半、雑誌『都市住宅』（鹿島出版会）の連載記事「文化人類学者の眼」がまとめられ出版された（ただし、すべてが掲載されているわけではない）。各記事では、いわゆる未開社会の住居と人間の関係について、文化人類学者が現地調査に基づいて生き生きと描いている。この本のタイトルは、『住まいの原型』と名づけられている。

精神世界から建築を目指す

調査では、文化人類学や映像記録の方法を援用しつつ、精神世界へと迫ろうとする。調査結果のデータベース化を行い、それらを用いた映写ワークショップ型インタビュー調査という独自の手法も駆使しながら、建築へのフィードバックを目指す。

映像記録と生活財生態学調査

1981年1月に、乾は安藤邦廣、太田邦夫という先輩たち、内田研究室の後輩の山下浩一らと、フィリピン・ルソン島の山地民ボントックを対象とした現地調査を行った。乾にとっては、初めての海外調査であった。これに先立ち、用意周到な準備を行った。先行研究の下調べに加え、社会人類学者や文化人類学者、地域研究の学者などへのインタビュー調査も行って、彼ら彼女らが築いていた現地の人脈を紹介してもらった。

現地では、ローカルバスで移動したのち、約40kgの荷物(一眼レフカメラ2台、小型8ミリカメラ1台、メモモーションカメラ、メジャー、コンパス、クリノメータなど)を持って村まで歩いた。一部は村人にも運んでもらったが、できるかぎり自分たちで背負った。山道を5〜6時間かけて歩き、ようやく村へ到着した。村での調査では、住宅の実測、図面化をするとともに、材料は何で、部材名称は何、どこでどういう生活をしているのか、といったことについても、あらかじめ用意しておいた調査シートに記入していった。また、全生活財の記録(「生活財生態学」調査)も行った。このような「しつこい」調査をしていたが、ここの村を紹介してくれた社会人類学者の合田濤にいわれた「(現地の人たちに)金は払うな」ということは忠実に守った。金銭で解決するようなことはいっさい行わず、信頼のみに基づいた調査をした(帰国後、合田に「インフォーマント(情報提供者)にも、びた一文払わなかったのか！？」と驚かれたらしいが)。

それが功を奏してか、約1年後(1981年12月〜82年1月)に再訪したときには、ボントックの「フィナルイ」と呼ばれる慣習家屋を建設することができ、またその全工程にわたる記録を撮ることもできた。そのような調査の背景には、「チセアカラ　われらいえをつくる」(企画：萱野茂、脚本・構成：姫田忠義、撮影・編集：伊藤碩男)という映像記録の存在があった。同様のことをフィリピンでやりたい！　そのような強い思いから、再訪までの間、乾は撮影・編集を担当した伊藤碩男からレクチャーを受けた。歴史分野の研究室(稲垣栄三研究室)に所属していた佐藤浩司とともに。そのうえでの再訪であった。

精神世界へのアプローチ

1992年に学習院女子大学(当時は学習院女子短期大学)に異動したのち、95年からは中国雲南省のワを対象に

建設中のフィナルイ。木の伐採から竣工式まで、儀礼を含めて調査した。ただし、建設自体は再現したものである(インフォーマントに依頼して、慣習家屋の建築主となってもらった)。完成後は、実際にインフォーマントの両親が住宅として使った。フィリピン・ルソン島、ボントック、1982年

竣工式翌日のフィナルイ(1982年1月19日)。壁に立て掛けてあるのは、ブタを調理するために屋外でカマドとして使われた2本の丸太。入口には2本のトキワススキが立てられ、この家が忌みに入っていることを示している

した調査を、2001年からは沖縄を対象にした調査を始めた。そこでの視点や方法も、これまでの調査と基本的には同様ではあったが、とくにワの調査では、サバティカルを利用した長期間、インテンシヴな人類学的フィールドワークを2回実施した。また、この他の期間においても断続的にフィールドワークを実施している。

これらの調査では、それまでにはなかった視点も見られる。それは、「彼らの内面に入り込んでいない、入り込めていない」との思いからくる精神世界へ迫ろうとする視点である。これまでも興味を持っていたことではあったが、建築学出身者はそこまでやらなくてもよいのでは、という考えがどこかにあり、後回しにしていたという。家自体の調査をしたいという気持ちが勝っていたからだが、それではいけないと強く思うようになった。また、建築は人が住まう空間なので、まずは人間をおさえないと理解できない、との思いも強まっていった。

それでは、乾のいう人間の精神世界、内面にこだわった調査とはどのようなものなのか。たとえば、これまでの調査では、祭壇を見かけた場合、祖先崇拝を行っており、そのための場所がある、というレベルの理解で終わっていた。しかし、そこから祭壇という物質文化が持つ意味、死生観にもつながる祖先に対する思いや崇拝に込められた意味……、このような意味へも踏み込んでゆくことが精神世界に迫ることで、内面にこだわることだという。そのためには、徹底的な記録とインタビューを行う。ボントックの調査では、膨大な数の祭文を収集して、その解釈を丹念に行った。このような調査で得られた文化の多様性と共通性に対する理解は、日本における調査にもフィードバックされ、沖縄・久高島の調査にも活かされている。

映写ワークショップ型インタビュー調査

2001年に、1978年以来となる沖縄での調査を再開した。かつての民家調査によって建築のかたちはある程度は分かっていた。しかし、内面に関することはほとんど分かっていない。かつては日常生活を中心に調査してきたが、それだけでは分からない人間-住まい、人間-建築の関係が見られるハレの世界もある。それを理解して初めて分かることもある（ハレからのアプローチ）。きちんとやりたい！　そのような気持ちが、沖

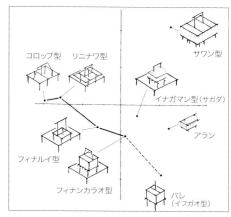

ボントック・イフガオの建築の架構法の類型

縄での調査再開のモチベーションとなった。

2007年から本格的に行った久高島の調査では、建築学的なアプローチをしていない。というのは、もともと興味を持っていた伝統的な建築がほぼ消滅していたからである。いまの生活パターンはすでに、昔の生活パターンとは違ったものに変化している。しかしながら、信仰が根強く残っており、それは日常生活も左右している。この根強い信仰は、ハレの世界で顕在化する。そのため、それらを丹念に記録した。また、久高島には時代時代のことが分かる映像資料がある。乾は、記録映画作家の北村皆雄（ビジュアル・フォークロア）が記録した映像の整理も手がけた。この記録・整理を通して、ハレの世界を理解し、精神世界へ迫ろうとした。なお、ここでは、乾独自の手法、乾ならではの手法も際立つ。それは、かつてのワでの調査で行った、撮影したビデオを村人に見てもらいながら聞き取りをするというやり方の発展形である。映像を記録・整理し、その映像記録の映写会を開くことによって、映写に関わることを自発的に話してもらう。

このような、現地の人々にも楽しんでもらって飽きさせることがない、いわば映写ワークショップ型インタビュー調査とでもいえそうな斬新な調査方法を、乾は編み出したのであった。精神世界へ迫ろうとするこのような調査は、建築を直接扱うものではない。しかしながら、乾は一見、建築から離れて回り道をしているようで、しっかりと建築を射程におさめている。建築へのまなざしが、そこには力強く存在する。伝統的な建築が消滅しつつある地域においては、むしろこの方が建築への近道なのかもしれない。

乾尚彦のフィールドノート

建築の平面や断面はもちろんのこと、部材の接合の仕方なども詳細に記録する。また、全生活財のスケッチと寸法も記録する。そのことを、乾は「生活財生態学」調査と呼ぶ。

建築や生活財についての実測調査は、A4サイズの1cm方眼紙にシャープペンシルで作図する。鉛筆は汚れがちなフィールドでは敬遠されることも多い。が、修正で消ゴムが使えるし、濃淡による書き分けも可能だから鉛筆を使用している、と乾はいう。建築の平面や断面の実測時には、目測で見えがかり（薄）、断面（濃）を描き、最後に実測しながら寸法を入れてゆく。ここに示した住宅の例では、一軒で計12枚の方眼紙を使用した。

また、乾には「悉皆調査は、フィールドワークの基本であり、同レベルで悉皆は不可能だとしても、全体を把握できる資料をつくることは必要」との考えがある。下に示したのは、集落全体配置図の実測時に個々の住宅の形式、大きさを描いたものである。

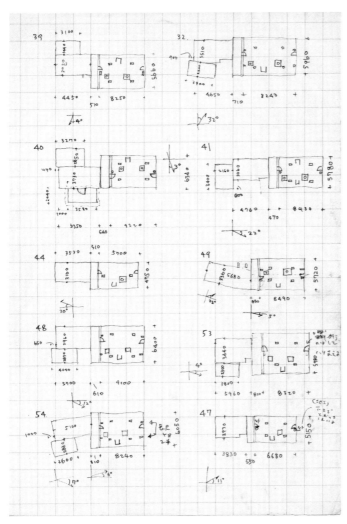

悉皆調査時の住戸平面図。
中国雲南省ワ、1997年

12 アジアへの視線

中国雲南省ワ調査で描かれた図面。1995年

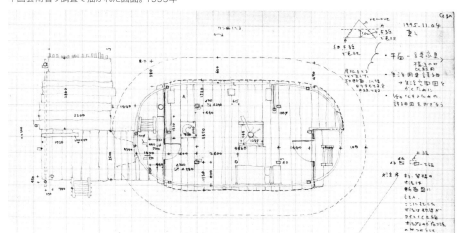

平面図

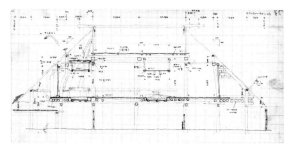

断面図

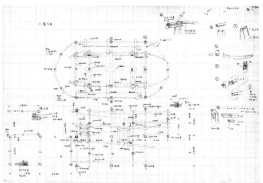

架構図

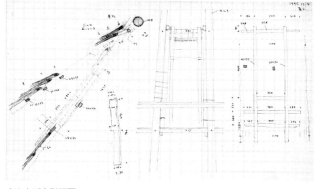

突き上げ窓詳細図

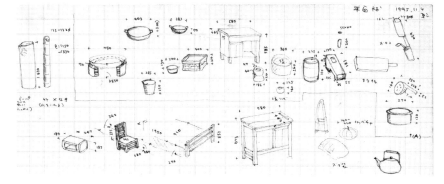

生活財

乾尚彦から受け継ぐべきもの

新たな民家研究、精神世界へと迫るハレの世界からアプローチした研究の成果を、乾はデータベース化している。これらは、研究者そして教育者としての乾が与え続ける刺激であり、われわれが受け継ぐべきものでもある。

乾は、民俗建築に関する画像を収集し、それらのデータベースの作成に携わっている。フィールドワークの成果として、沖縄・久高島の年中行事に関するデータベースも作成している。

民俗建築画像データベース

1995年より、伝統的な民家、集落、それに関わる民俗の写真を集めたデータベースの作成を開始した。95年度から2000年度まで科学研究費補助金（研究成果公開促進費）の助成を受け、2001年までに25人が撮影した写真8697枚を公開した。

伝統的な街並み、集落、民家は、急速にその姿を変えつつあり、すでに失われてしまったものも少なくない。研究者はフィールドワークによってこれらを記録してきたが、そうした写真資料は、個人の所蔵のまま公表されないものも多い。故人になると散逸してしまった例もある。古民家の次には、こうした写真も失われていく。民俗建築画像データベースは、そうしたフィールドワーカーの写真資料をデジタル化して保存し、インターネットで公開することを目標にしたもので、日本民俗建築学会資料委員会が作成した。乾は、データベースの基本的なコンセプトを提唱し、検索システム・公開を担当した。

公開とはいっても、当時の状況から、利用には登録と誓約書を必要としたため、利用者は限定されていた。現在は、日本民俗建築学会の方針変更により、メンテナンスは行われていない。もっとオープンな公開システムに改め、管理・維持体制を整え直して再出発することが望まれる。

久高島年中行事データベース

2007〜09年にトヨタ財団の助成を受けて作成した。データベースの基礎となっているのは、ヴィジュアルフォークロアが1982〜84年に撮影した約57時間30分のビデオ映像である。それをデジタル化し、5711カットに分解して、カットごとに解説をつけた。

作成のために、9回のフィールドワーク、37回の映写会、2回のフォーラムを開催した。映写会やフォーラムでは、久高島の人たちに映像を見てもらいながら、内容についての聞き取り調査をしている。このデータベースは、久高島を舞台に行われてきた年中行事、祭祀空間が把握できる基礎資料であると同時に、久高島の人たちにとっては、かつての祭祀を確認し、これからの祭祀を考える未来へ向けた遺産でもある。そのため、作成したデータベースは久高島にパソコンごと寄贈した。

現在、データベースの公開は行っていない。それは、久高島のとくに神職者の意向によるもので、祭祀は研究者のためのものではない、という現実を突きつけられたからである。しかし、現地の映写会は、現在も継続している。また、ヴィジュアルフォークロアの1978年ごろの映像約10時間を加えた久高島の行事完全版の作成も現在、継続して行っている。

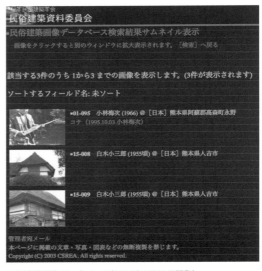

民俗建築画像データベース（2016年5月31日閲覧）

乾尚彦からの刺激

　映写会で映し出される映像は、調査直後の記録したてのものもあるが、時空を超えたものもある。上述のように、乾は30年以上前から、現在はすでに消滅してしまった伝統家屋や慣習家屋を調査し記録して、それらのデータベース化も行ってきた。このときの映像を用いた映写会が、時空を超えたものとなる。それらと現在の映像記録を合わせれば、いわば縦糸と横糸で紡ぎ出してゆく織物のような美しい映像となって、精神世界へと迫る新たなアプローチにもなる。そして、このような記録と記録方法は、主に文献を扱ってきた歴史分野に対する新たな資料や提案にもなりうる。また、人類文化のもっとも深層・基層をなす精神世界、それが顕在化するハレの世界。乾はそこから建築を捉え直そうとしているが、このようなアプローチは、計画系分野にとっても、ひいてはあらゆる学界・分野に対しても、新たな提案になりうるであろう。

　以上のような乾の視点と方法、まなざし、姿勢、壮大なスケール、夢は、乾が研究者に対して与え続けてきた刺激である。また、学習院女子大学の教員としての乾は、国際文化交流学部の学生に、人類文化の共通性と多様性、その相対化の仕方、空間文化を媒介としたコミュニケーションの実態やその手法……などに関する知的な刺激を、授業やゼミを通して具体的に与え続けてきた。研究成果はもちろんのこと、乾が与えてきたこれらの刺激についても、われわれは受け継ぐべきである。

アミルシ行事で祈願するカミンチュ（神人、神職者）。カミンチュは4名に減ったが、神事は継承されている。沖縄県久高島徳仁港、2007年

八月行事中のアサマティー（朝拝み）。1980年代とは大きく異なり、イザイホーの神女たちもいなくなり、カミンチュ（神役、神職者）も少なくなった。中央は神アサギ。沖縄県久高島ウドゥンミャー、2009年

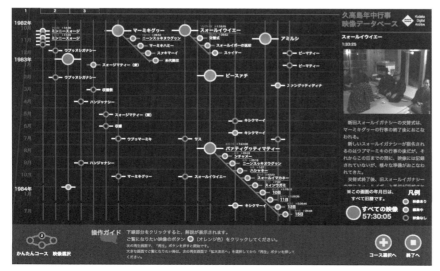

久高島年中行事映像データベース「かんたんコース」の最初の画面。行事の内容などからセット映像を選択することができる

13　屋根裏のコスモロジー

——— 国立民族学博物館 民族社会研究部　佐藤浩司

活動期間：1981〜2019年
主なフィールド：インドネシア
研究室キーワード：建築人類学、木造民家、生活、象徴、コンピュータグラフィックス

きっかけ

　1981年、佐藤は、大学院在学中にフィリピンのボントック族の住むマリコン村で研究室の調査を手伝っていた。当時は東京大学の稲垣栄三研究室の大学院生で、同じく東大の内田祥哉研究室の大学院生だった乾尚彦（現学習院女子大学教授）とともに約2ヶ月にわたりフィールドワークを行った。今、世界遺産になっているイフガオは観光地になっているが、マリコン村には、当時食堂も商店もなかった。8ミリカメラの電池の充電ができなくて、2週間に一度、近くの街のボントックに降りて充電した。2ヶ月にわたる調査で体力も消耗し、日本に帰ったら黄疸が出た。これが最初のフィールドワークだった。

インドネシア

　第二次世界大戦中に大東亜共栄圏に組み込まれたインドネシアは、戦争中に著された文献においていろいろ紹介されていた。熱帯の風土に適したさまざまな形式の木造民家は、日本の伝統的木造建築と明らかに異なる進化を経て、奇妙な外観を呈していた。丸い形の屋根や、高くそびえた棟を持つ屋根など、自然環境への適応という合理性を超えた魅力を持っていた。

　1980年代に若手の建築研究者たちが外国のヴァナキュラーな建築に興味を持って留学していったが、インドネシアを目指した建築研究者はいなかった。石造建造物の寺院や遺跡の学術調査は進んでいたが、密林や離島に残る木造民家集落の調査はほとんど行われていなかった。

　大きな屋根を持つインドネシアの木造民家の内部は

どうなっているのか、という知的興味を持って、2年間の予定で留学を始めた。28歳のときだった。妻と子どもと3人でバンドンにて暮らし始めたが、調査には1人で出かけた。短くても数日、長ければ1ヶ月以上にわたって村に入るため、持っていける道具は限られていた。画板は嵩張るので、いつもクロッキーブックを携えて記録をとった。また暗い屋根裏に入ることが多いのでヘッドランプを持っていった。フィルムカメラも持っていった。バンドンへ遊びにきた家族や親戚に撮り終えたフィルムを日本に持って帰ってもらって現像に出した。2年間で撮ったフィルムは100本余りになった。

人類学的な調査手法

　それまでもインドネシアの集落では文化人類学者たちが調査をしてきた。民族誌を書くのが目的である彼らの調査は、基本的に同じ集落に長期間滞在する。それに対して建築学者の調査は、民家そのものが対象なので、ひとつの民家の調査が終わると次の集落に移っていく。そこが文化人類学者の手法と大きく異なる。

　調査に行くと、まず実測して図面を描く。そして、その民家に住んでいる家族に、家や生活についてインタビューする。家族構成やふだんの生活、結婚式や葬式などの象徴的な儀礼について話を聞く。子どもが生まれるときはどうするのか、家族が死んだときはどうするのか。儀礼のときに誰がどこに座るのか。こういった情報は、民家内部の空間を理解するのに必要な手がかりを与えてくれる。そしてに一軒ごとの調査シートをつくり、集落の名称や位置、家族構成、家の特徴などを整理して書いていく。クロッキーブックは単なる

スケッチブックではなく、民家に関わる情報を書き込んでいく大きな日記帳のようである。

インドネシアの民家はどれも大きな屋根を持っているが、窓はまったくないか、あっても小さな窓が申し訳程度についているだけで、内部はほとんど真っ暗である。屋根裏は神聖な場所であり、祖先を祀っている家もある。地面に近いところに家族が住まい、天に近い屋根裏に祖先が住まう。家は、祖先と現世を生きる家族をつなぐ装置でもある。

インドネシアには250以上の民族がおり、それぞれ独特に発達した民家形式を持っている。佐藤はインドネシアの民家を数多く調査していくうちに、オーストロネシア語族として同じような空間の特性を持っているのではないか、という仮説を持つようになった。

調査許可

外国による植民地支配という歴史を持つインドネシアは、外国人研究者による調査に国の許可を義務づけている。それは長い間、外国によっていろいろなものを搾取されてきたために、調査情報も搾取されないよう注意を払っているためである。とくにスハルト時代は軍による厳しい管理体制を敷き、外国人研究者による学術調査に対して事前許可を求めていた。

当時、調査許可の申請をしてから許可が出るまで1年ほどかかるのが普通だった。許可が下りるとジャカルタに出向き、この許可証をもって内務省や軍、警察を回り、州や州軍、州警察宛の書類をもらわねばならなかった。無許可で調査していてブラックリストに載ると、二度と調査許可は下りなくなってしまう。文化人類学者はフィールドから追い出されてしまうと研究できなくなってしまうので必ず調査許可を得るが、建築研究者のなかには調査許可を得る者はほとんどいなかった。このあたりの違いは、フィールドの重要度がジャンルによって違うからかもしれない。

建築人類学

建築学者による民家研究のフィールドワークでは、意匠や形式、空間の特徴、材料、構法といった物理的な情報を記録していく。そして民家という建築物を理解するために、住人の生活様式や規範、大工技術、建築材料の調達方法などについて調べ上げていく。長い時間をかけて文化的に形成されてきた建築を通して、社会と人間の関係を明らかにしていく。フィールドワークを通して得られる考察が、建築人類学の基本的視座である。

フィールドワークで得た情報は、平面図や立面図など、建築を表記する図面として整えられる。日本の伝統的木造建築と異なり、インドネシアの民家の構成部材の精度はそれほど高くない。佐藤は、むしろアクソメや三次元モデルなどの立体で表現することによって、インドネシアの民族的空間を再構成することを試みている。

最近、住民に聞き取りをしていると、推測や伝承として語られることが多くなった。住民にとって伝統的生活はすでに過去のものになっていて、実体験として語ることができなくなってきた。その民族固有の祖先とのつながりが意識されなくなると、次第に民家形式の意味も分からなくなる。その結果、民家は使われなくなり、空き家になったり取り壊されてしまったりする。独特な民家形式が失われてしまうことに悲しみを感じるが、建築人類学者として客観的に民家の変わりようを記録していく責務もある。伝統的民家の保存活動に大きな意義を感じながらも、その活動に身を投じられないのは、生活と切り離されて形だけ残された民家に、フィールドワークで見てきたような生きた住まいの姿を見出すことができないからかもしれない。

---GLOSSARY---

棟の高い象徴的な屋根　インドネシアの伝統的民家は植物性の材料を使った棟の高い屋根を持つ。調査のときになかなか入らせてもらえない屋根裏は、居住者家族にとって象徴的な空間になっている。それは繁栄や豊穣をつかさどる神や、祖先の霊を祀る空間であり、階下に住む家族を見守るといわれている。しかしキリスト教への改宗や現代的な生活様式の広がりによって、次第に象徴的な意味合いを失いつつある。

生活様式に関連した建築空間を記述していく

大小さまざまな島々からなるインドネシアでは、ときに数ヶ月をかけて集落を訪ね歩く。民家に泊まりながらの長期間の調査のため、持参する道具は限られている。方眼紙のスケッチブックを使うが、スケッチブックがなくなるとノートに記録することもあった。

インドネシアの木造民家には、円形や楕円の平面を持つものもあれば、先祖の空間として大きな屋根を持つものもあり、多様な形態がある。日本の民家のような太い材木をホゾと仕口で固めていく構造とは異なり、細く軽い材木を落とし込んだり嵌め込んだりしていて、組み合わせの精度は低い。軸組と板壁を組み合わせた構造もあり、部材同士の組み合わせ方や構造の仕組みを記録していくことが大切だ。民族が異なると言葉も異なるように、集落によって部材や空間の呼称が異なっていることもある。フィールドノートに描いた図面の上に、そこで使われている名称も書き込む。

また、調査情報の精度を統一するために、情報を記入するためのフォーマットを事前につくっておく。

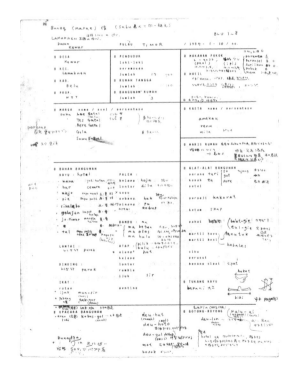

調査シートのフォーマット。実測に入る前に、地理や周辺の環境を記述、そして住民へのインタビューを通して家族構成や系統、民家や集落の歴史・伝承などをメモする。インドネシア・ティモール島ベル県ブナッ族ケワール村、1987年

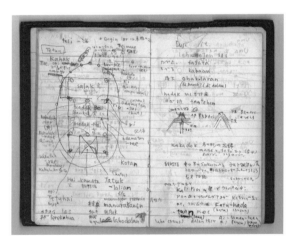

調査中に調査シートが足りなくなってしまったら手帳に描きながら調査を続けていく

フィリピンのボントック調査の様子。泊まる所も食べ物も交渉次第。住民とのコミュニケーションから生活情報を得る。1982年

13 屋根裏のコスモロジー

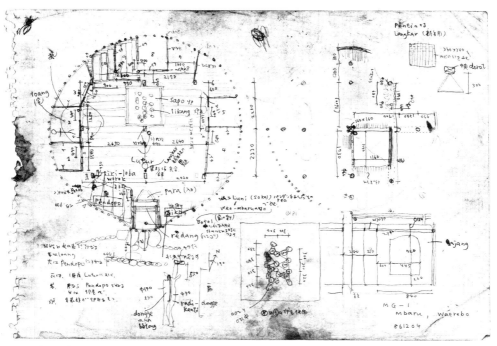

1986年に調査したインドネシア・フローレス島マンガライ県マンガライ族ワレボ村の円形住宅。平面図に部材名や生活における使い方を記述しておく。最初に目視で図面を描き、その後に実測して寸法を入れる。時間をかけないように手際よく調査する

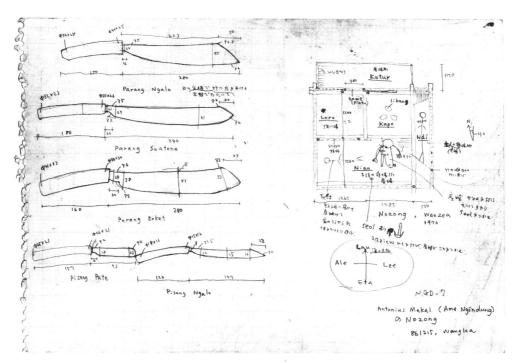

1986年に調査したフローレス島ンガダ県ワンカ村の大工道具と、出産と葬式のようす。道具も失われてしまうことが多いため、忠実に記録しておきたい。出産や葬式のときには住居の象徴としての空間が現れてくる

建築・社会・生活を記述するフィールドノート

佐藤は、人類学のフィールドに建築学の方法論を取り込んで、建築人類学という視点を確立した。逆にいえば、文化人類学的アプローチで建築を解釈しているともいえる。

　佐藤がフィールドにしているインドネシアの建築物は、集落の周辺に自生する植物資源を利用してつくられ、自然環境や文化的背景のもとに継承されてきた。

　フィールドノートに収集されるのは、民家の情報をはじめ、生活や建築作業に使われるさまざまな道具、祈りの場や祖先を象徴する空間など、人々の生活に関わるあらゆるものである。外部世界の影響を受けて次に訪れるまでに失われてしまうかもしれない民族的特徴をていねいに記述する。のちにコンピュータグラフィックスや模型に再現できるようディテールにも注意を払っている。

1人で調査するため基本的に調査中に自分が写る写真は貴重である。インドネシア・スンバ島、1987年

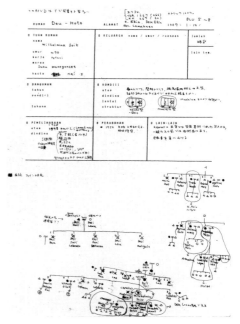

フィールドノートには、親戚や祖先の系譜も聞き取り記しておく。父系か母系は民家の継承にとって大切な要素である。インドネシア・ティモール島ベル県ブナッ族エキン村、1987年

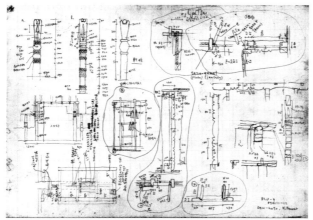

さまざまな部材の詳細。規格化された部材ではないから詳細に寸法をとっておく。ケワール村、1987年

13 屋根裏のコスモロジー

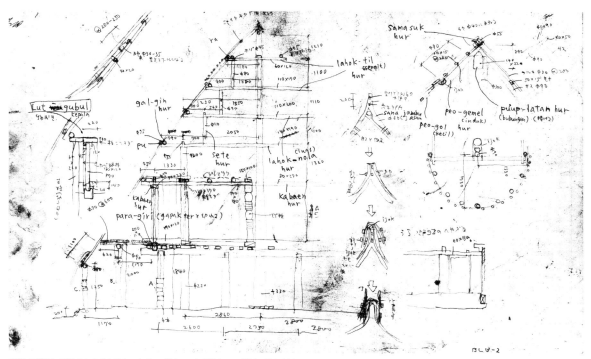

民家の断面、構造のようすを表し、全体のボリュームが分かる。部材の取り付きのディテールもメモする。ケワール村、1987年

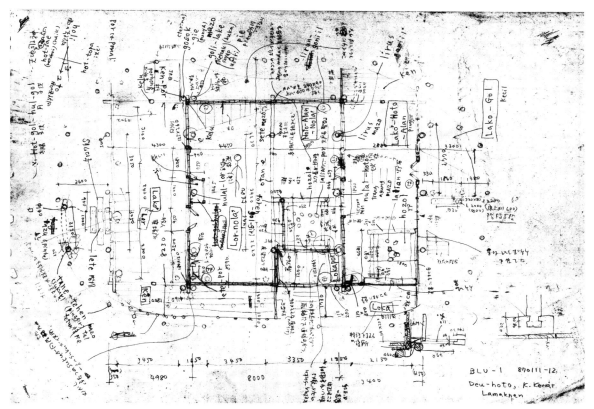

9代目の王の家の平面図。部屋の用途も記入する。ケワール村、1987年

フィールドから語り継ぐこと

苦労して得たフィールドデータをどのように活かすのか。佐藤は、失われてしまうかもしれない、もしくは失われてしまった伝統的な木造民家をコンピュータグラフィックスによって再現し、インターネットで公開している。

インドネシアをはじめとして熱帯地域の木造建築物は生活の変化や自然環境の変化によって失われつつある。佐藤がこれまでに調査した民家も、再び訪れたときには新しいコンクリート造の家に変わってしまっていたことが少なくない。住民が世代交代すると過去の伝統的生活の様子も分からなくなってしまう。

フィールドワークによって得られた建築資料は図面やアイソメによってまとめられることが多いが、佐藤はデザイナーと共同してコンピュータグラフィックス（CG）で表現する。CGによって写真のように立体的に見ることができるが、佐藤はさらに動画にして、あたかも民家のなかを歩いて見るように再現している。これらの成果は佐藤が運営するホームページで公開されている（「建築人類学者の目」http://www.sumai.org/ 最終閲覧2017年8月20日）。

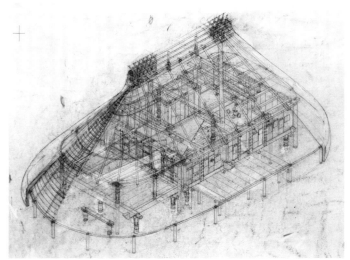

エキン村に住むブナッ族の氏族の家。1987年に調査。楕円形平面の慣習家屋。フィールドノートのデータをもとに鉛筆でアイソメを描く。建築物を立体的に捉える画法だ

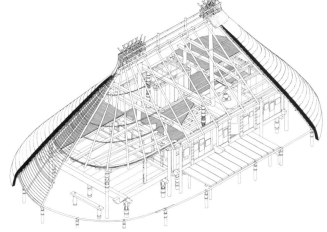

鉛筆で描いたアイソメにロットリングでインキングをした図。これを書籍や報告書などに原図として用いた

13 屋根裏のコスモロジー

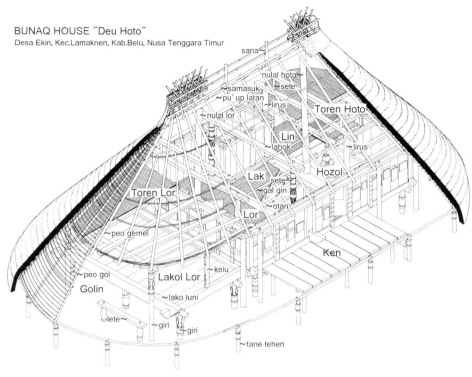

原図に空間や部材の名称を加えて説明用の図に仕上げる。民族が使っている名称を記述しておく

コンピュータによる3Dモデル。これはフィールドノートのデータを入力してコンピュータグラフィックスにしたもの。紙に描かれた画と違って、民家の内部を覗くこともできる

14 民族建築その後

——— 公立鳥取環境大学 浅川研究室　浅川滋男

活動期間：1979年〜現在
主なフィールド：中国、日本、オセアニア・東南アジア、シベリア
研究室キーワード：民族建築、建築考古学、遺跡整備、文化的景観

認識人類学と考現学

浅川は京都大学大学院修士課程1年次（1979年）にミクロネシアのトラック（チューク）諸島で2ヶ月間の調査を経験した。トラック諸島トル島の山頂城塞遺跡の整備に伴い、伝統的集会所が復元建設されることになり、その建築過程を詳細に記録することが調査のミッションであった。高度成長期を支えた土木・建築業界の真逆に位置する無文字社会の居住文化に触れ、浅川の興味は民族学（文化人類学）の分野に大きく傾斜していく。

当時、民族言語学から展開した「認識人類学」が文化人類学の大きな潮流になりつつあった。浅川はその方法を、国立民族学博物館の須藤健一（前館長）らから学んだという。須藤らはミクロネシアのサタワル島で長期の調査を行い、社会・生態・信仰などの分野で著しい成果を上げていた。対象は異なるが、「民族誌を記述する」方法は共通している。そのベースは民俗語彙の体系的な収集と分析であった。現地の言葉を知ることが異文化理解の第一歩という考え方である。

浅川もトラック、パラウ、ヤップでホームステイしながら、住居空間と建築に関わる現地の言葉を収集し、語彙素にまで踏み込んで、その意味を読み解く作業に取り組んでいた。加えて、浅川は今和次郎の考現学や宮本常一の民俗学からも強い影響を受けている。とりわけ、生活空間の物質文化をつぶさに描く今の考現学の手法を、初期の調査研究で駆使した。中国・江南でおこなった漢族住宅のカマドと台所の調査（1983〜84年）では、詳細な展開図を描き、そこに民具もつぶさに書き込んだ。民具などの名称の方言を可能なかぎり網羅的に集め、整理している。

民族考古学と建築考古学

トラック諸島で遺跡整備に関わったことから、浅川はオセアニア考古学の専門家と行動を共にするようになる。無文字社会の遺跡から出土した遺物には、現地の物質文化に共通する要素が見られ、民族学的理解なくして考古資料の解読はなしえない。こうした民族考古学の成果をもとにオセアニアにおける民族移動や文化伝播が議論されており、浅川は大きな刺激を受けた。

1987年、浅川は奈良国立文化財研究所に就職し、以来14年間、平城宮の発掘調査と復元整備にあけくれる。オセアニアが民族考古学の世界なら、こちらは律令期を対象とする歴史考古学と建築考古学の世界である。ここで遺構・遺物・木簡・文献などを総合した実証的研究と建物跡の上屋復元の基礎を叩き込まれた。しかしながら平城宮の復元事業では、ごく限られた証拠しか残っていないため、「類例」のパッチワークによる空想復元に終始しており、疑問を覚える部分も少なくなかったようだ。

1991年、転機が訪れる。鳥取県湯梨浜町の南谷大山遺跡で出土した弥生時代終末期から古墳時代初期の焼失住居跡2棟の調査に立会し、強い衝撃を受けたのである。竪穴住居の床面に炭化した垂木材が横たわり、それを覆うように茅や焼土が堆積する遺構を目の前にして、実証的な復元が可能だと直感したという。これを機に、浅川は独自の建築考古学を成長させていく。

浅川が縄文・弥生時代の住居跡に惹かれたのは民族建築のバックボーンがあったがゆえであり、民族建築と建築考古学は表裏一体をなす（それゆえ激しいバッシングを浴びた経験もある）。1994年に上梓した最初の著

書『住まいの民族建築学——江南漢族と華南少数民族の住居論』（建築資料研究社）では、すでに民族と考古の両方の要素が融合している。90年代の調査は、貴州省トン族、雲南省モソ人の住居集落が代表的だが、後続する黒龍江省のツングースおよびシベリア地域での調査が考古学との関わりではとくに重要な位置を占める。それらの調査成果が焼失住居跡のデータと重なり合い、御所野遺跡（岩手県一戸市）などの縄文集落復元整備に昇華していくのである。

倭と越の水人

1994年より、浅川は京都大学大学院人間・環境学研究科の併任助教授となり、大学院教育の一環として水上居住の調査研究に着手する。まず東方アジアにおける水上居民の分布図を大学院生の長沼さやか（現静岡大学准教授）とともに作成し、歴史民族学的な考察を試みた。日本のアマ（海女・海士）と南方中国の蛋民は、いずれも家船に暮らしながら沿海域を移動しつつ貝藻類を捕採する漂海民である。このとき浅川は魏志倭人伝に注目している。倭と越の水人は、体に文身（いれずみ）して大魚水禽（蛟龍）を避け、潜水漁撈する文化を共有していたと考えられ、「アマ（倭の水人）≒蛋民（越の水人）」の図式を想定した。

こうした共通性は国家の枠組にとらわれない。アマや蛋民は国境を越えて沿海の岩礁で貝藻類を捕採し漂泊するため、自ずと文化的な同一性が広がっていったのであろう。大林太良はこれを「環東シナ海沿海文化圏」と呼び、弥生文化成立の背景の一因とみなした。

浅川は1980〜90年代、珠江流域・香港・澳門・海南島などで蛋民の調査をしたが、中国では蛋民の「陸上がり」が急速に進みつつあった。

一方、東南アジアでは水上居住がなお健在で、鳥取環境大学に籍を移した2000年代以降、フィールドを東南アジアに転じる。タイやマレーシアの内水面、ベトナム中部フエの香河流域、カンボジアのトンレサップ湖、ミャンマーのインレー湖などを踏査し、水上居住の変化についての見通しを得ようとした。

とくにトンレサップ湖における水上居住の多様性は他を圧しており、家船での水上居住から、筏住居の誕生を経て、「小型の高床住居ドゥプ」「湖岸の大型高床住居」での定住化に至る変化を推定している。近隣地域で方言差が大きいほど定住年代が古いという言語年代学の方法に影響を受けた考え方であるが、大雑把な年代を示すには至っていない。

方法としての文化的景観

水上居住調査は「文化的景観」研究に展開し、収斂していく。「文化的景観」に類似する概念として日本には大正期から「名勝」の制度があるけれども、両者の定義は微妙にずれている。

日本における「名勝」と「文化的景観」は認識人類学のエティック（etic）とイーミック（emic）の概念で説明されることがある。名勝とは訪問者（客人）が対象を観察する場合、美的な価値を感じ取れる風景地をさす。一方、文化的景観は、その場所の生活・生業の変遷を物語る土地利用の表層であり、美的価値以上に文化的価値を重んじる。こうした説明は分かりにくいので、ゼミなどの説明では、しばしば異性関係が引き合いに出された。すなわち、名勝は「一目惚れ」のようなものである。相手の姿形だけを見て、格好いいとか可愛いなどの評価をするが、相手の内実は理解できていない。対して文化的景観は、「長い付き合い」によって、相手の性格・知性・能力などを把握しており、その内面がにじみでた外面の全体を評価する。前者の評価をエティック（外在的）、後者の評価をイーミック（内在的）ということができるかもしれない。民族建築を出発点とした浅川にとって、認識人類学の方法を共有する文化的景観をテーマにすることは自然な流れであった。

---GLOSSARY---

民族建築 ある民族社会において、その構成員に共有される建築についての認識の体系もしくは知識の総体、または、それを対象とする研究分野。住居の民族建築学は、主に「異文化社会」でのフィールドワークを通して、「人間にとって住まいとは何なのか」を問う。

建築考古学 発掘調査データから建物の上屋構造を復元する研究分野。出土遺構・部材などの一次資料を細やかに分析した実証的復元を目指すが、とくに先史時代の場合、しばしば民族建築のデータを活用する。歴史考古学では類例のパッチワークとなるのが一般的である。

世界自然遺産ハロン湾の水上集落調査

水上集落は、文化的景観のなかの「継続する景観」（世界遺産条約）のひとつであり、2006～09年にベトナムのハロン湾をフィールドとする調査研究に取り組んだ。

ハロン湾の水上集落

ハロン湾周辺のカルスト台地は最終氷期に沈降し、海上に島々が飛び出した景勝地となる。その風景は「海の桂林」と讃えられるが、雄大さでは桂林をはるかに凌ぐ。

ハロン湾は1994年に世界自然遺産に登録され（生物の多様性など）、さらに2000年に拡大登録がなされた（地質学的価値）。登録面積は434km²で、755の石灰岩の島が散在する。バッファゾーンを含めると範囲はハロン湾全域に及び、島の数は1,969確認されている。

湾には15ヶ所以上の水上集落があり、調査対象としたクアヴァン（Qua Van）村の世帯数は約120で、最大規模を誇る。カルスト地形の急峻な島々に陸地は極端に少なく、住居集落は波穏やかな海面に営まれる。1990年代までは漁船を兼ねる家船で遊動する漂海民だったが、2000年代からは入り海に筏住居の水上集落を形成し、養魚・養殖に生業を転換して定住化している。

集落測量の方法

クアヴァン水上集落の測量にはGPSとImpulse社のレーザー距離計・方位計を併用している。まず、陸上の寺廟境内など安定した陸地に基準点（BM）を複数設定し座標をGPSで測定した。ただし、海外での測定では20～50mの誤差が発生する。こうした誤差の補正可能なGPSをディファレンシャルGPS（DGPS）という。DGPSは高額なので、購入できない場合、ネット上から補正システムをダウンロードするしかない。レーザー距離計・方位計は小型のトータルステーションであり、ノンプリズムで測距・測角できる点、まことに便利だが、測定距離の上限は600～700mにとどまる。BMの

世界自然遺産ハロン湾と水上集落

レーザー距離計・方位計による測量（岡野泰之）

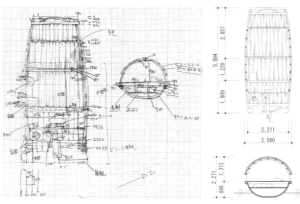

 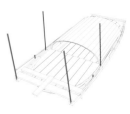

家船（写真）の実測野帳・図面・パース（岡垣頼和作成）

座標そのものに不安があるので、BM相互の測定だけでなく、複数のBMから同じ求点を重複して測定しておいた方がよい。クアヴァン村の場合、120世帯の屋根伏図を手描きし、計614点を測定した。求点の位置情報はレーザー距離計付属のタブレットに記録されるが、野帳にも必ず書き込んだ。

CGシミュレーションと水墨画

取得した位置情報と航空衛星写真を元図として、調査中に実測した筏住居・家船などを測点にあわせて落とし込み、集落の配置図を作成する。この配置図をベースとして、①家船のみで集住していた時代の復元景観、②現状景観、③家船が消滅して筏住居だけになる近未来景観のCGアニメーションを制作した。

近未来景観を構成する施設については、実在する海上のインスペクション・オフィス（フェローセメント構造）や建築家の構想するパースを参照し、世界自然遺産にふさわしくない反面教師としての景観例としたつもりであったが、居住者たちに見せると「こんな家に住みたい」と大騒ぎになり、現地に赴いた浅川や平澤毅（文化庁名勝担当）はおおいに困惑したが、世界自然遺産にはふさわしくないことを現場で強調した。

さて、一般に生物をとりまく外界のうち、主体の生存と行動に関わる諸要素・諸条件の全体を「環境」という。主体と環境の関係は相互依存的なものであり、ここにいう「環境」は主体の「認知環境」といいかえ

てもよい。その場合、外界自然などの物的全体は「環境基盤」と呼び分けられる。とすれば、上に述べた地理情報の集積によるCG景観は環境基盤の表層を示すものであろう。人間の「認知環境」としての景観を表現するためには、また別の方法が必要である。

ハロン湾調査の場合、書画に秀でた１人の女子学生がクアヴァンの全景パノラマを水墨画で描いた。水墨画は、写実性の高い洋画に比べて、主体の「認知環境」を露骨に映し出す可能性が高いと予想されたからである。じっさい、島の大小関係、船・筏と島の大小関係や位置関係などは現実と乖離しており、調査者の認識を反映していると浅川は感じた。

実測図をもとに、筏住居の20分の1模型を制作（嶋田喜朗他）

実測データをCAD化し、景観CGを制作（岡野・岡垣）

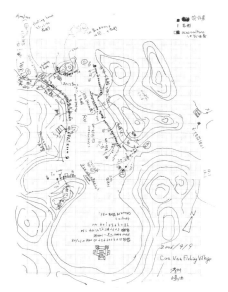

クアヴァン村の家船・筏住居配置実測野帳

ハロン湾の水墨画「下龍点晴」（城間美乃作画）

摩尼寺からブータンへ──瞑想の周辺

山陰地方の密教系霊山には、山崖の洞穴や岩陰と複合した懸造の仏堂が少なくない。国宝「三仏寺投入堂」（平安時代後期）がその代表格である。こうした懸造を「岩窟／岩陰型仏堂」と仮称し、2009年以降、その源流を求めるため、国内外で類例の発掘調査や視察を続けている。

摩尼寺「奥の院」遺跡の発掘調査

日本各地の岩窟／岩陰型仏堂は霊山の「奥の院」に営まれる傾向がある。「奥の院」の開山は雑密期（7世紀）の役行者や純密期（9世紀）の円仁と関わる伝承をしばしば伴うが、成立年代が不明であるため、2010年に鳥取市の摩尼寺「奥の院」遺跡で発掘調査をおこなった。トレンチ4ヶ所で計200㎡の小規模な発掘であったが、調査は4ヶ月に及ぶ長丁場となった。その結果、「奥の院」は8世紀以前に行場として成立していた可能性があるものの、下層の整地と造営は10世紀中期以降に下ることが判明した。

窟の建築化

国内では六郷満山を中心に九州各地の霊山「奥の院」を視察し、国外では大乗仏教の伝播ルートを遡行した。当初の興味は「岩窟と木造建築の関係」であり、雲岡石窟・麦積山石窟や敦煌莫高窟・楡林窟などで窟檐・懸造・礼堂の取り付き方に注目していたが、東トルキスタンのキジル千仏堂（3世紀～）などは木部のないアーチ式洞穴ばかりであり、西インドのアジャンタなどでは平地寺院の細部が石窟寺院に取り込まれていることを知り、むしろ「窟の建築化」という視点が有効であろうという考えに至る。各地で共通するのは岩窟に仏像・塔を安置し祀ることだが、その空間が近隣の平地寺院の影響を受けて建築化していく、という捉え方である。そうした見方をすれば、アジア各地に展開した石窟寺院／岩窟仏堂の多様さを説明できる。

ブータンの崖寺と瞑想洞穴

2011年以降、上座部仏教やチベット系仏教にも目を向ける必要があると考え、ミャンマー、ラオス、ブー

摩尼寺「奥の院」遺跡の公開検討会

摩尼寺「奥の院」遺跡での断面調査

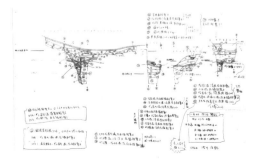

同上断面図実測野帳。浅川指導のもと学生が記録した

摩尼寺「奥の院」遺跡復元CG（岡垣作成）

タン、アムド（青海省）の洞穴／洞窟僧院の視察を進めた。翌12年から今に至るまで、ブータン王国が研究室のメイン・フィールドとなる。

ブータンの仏教は吐蕃王朝建国期（7〜8世紀）にまで遡ると伝承されているが、現在の国教はチベット仏教ドゥク派である。中世の諸派林立時代をドゥク派が17世紀に統一し、ブータンという王国が誕生する。それ以前から高山の崖に密着して修行場としての僧院が営まれていたが、仏像を祀る本堂ラカンが存在したか否かは不透明であり、かりに存在したとしても本堂は必ずしも重要な存在ではなく、懸造の掛屋で塞がれた洞穴での瞑想が密教修行で最重視されて今に至る。

大乗（北伝）仏教の場合、岩窟／洞窟は仏像の礼拝窟として崇拝されたが、ブータンにおける洞穴は今なお瞑想修行の場として健在である。洞穴で瞑想する高僧を偶像化したものが仏像であり、瞑想洞穴の全体を荘厳に表現したものが本堂であると考えられる。こうした瞑想への傾斜は、瞑想窟のみで構成された最初期の石窟寺院のあり方を彷彿とさせる。岩窟・岩陰と懸造の掛屋を複合させる本堂などの構造も日本の「奥の院」の仏堂とよく似ている。

調査の方法

ブータンでは、原則として、僧院仏堂内部での撮影や実測が許可されない。とりわけ瞑想洞穴の内部に入室できることは例外的にしかありえない。そのため、境内配置図の測量、地形断面を含む建物の連続側面図の作成を主として、崖寺全体の空間構成の把握に主眼を置いた。急峻な巌崖での測量には、ハロン湾で活躍したGPS＋レーザー距離計・方位計のシステムが復活している。こうした古典的測量を脱却すべく、2016年からドローンを持ち込んで空撮写真を重ね撮りし、Agisoft社のソフト「フォトスキャン」で崖寺周辺の地形・植生を3Dモデル化しようと目論んだ。ところが、2016年春に中国人がドローンで王宮周辺の空撮をしたことに王国政府が激怒し、以後、外国人によるドローン撮影は禁止された。研究室調査隊はおおいに落胆したが、その手法は同年（2016）国登録記念物になった摩尼山での遺跡撮影に応用している。

さて、ブータンの仏堂については、実測器材を持ち込まないという条件で平面の略測を許可されることが多い。この場合、歩測で平面を描き、仏像・仏具などの位置を細かに書き込んで現地の呼称を聞く。短い時間しか許されないが、初期の「考現学＋認識人類学」の方法を継承している。

僧侶からのヒアリングも、もちろんおこなっている。崖寺の縁起だけでなく、瞑想修行を中心とする僧侶のライフヒストリーを聞き書きする。境内調査時にヒアリングすると、時間に追われている僧侶に迷惑をかけるので、別に時間を設定しホテルに僧侶を招聘する方が効果的であった（寄進と軽食を用意した）。

調査参加者は毎回4名前後で、カメラは一眼レフ2台以上、GPSデジカメ2台以上に加え、ポラロイドカメラも2台持っていく。ポラロイドの威力は凄まじい。たとえば民家の仏間を調査する場合、まず家人の顔を撮影して余白に住所・名前・年齢などを現地語で記載し、一眼レフに写し込む。その写真を家人に寄贈すると大いに喜ばれ、調査は順調に動き始める。仏間に祀る神仏の像や仏画等は多種多彩だが、それを一つひとつポラロイドで撮影し、像の名称など基礎情報をマジックで書き込んで再び一眼レフに写し込み、その後、仏壇の実物の撮影に移行する。

調査はできるだけ午後4時までに終わるようにし、宿舎に戻ってただちに資料を整理した。デジカメ・データは2ヶ所以上にコピーし、建造物調書・スケッチ・野帳などはすべて一眼レフで2回撮影する（フラッシュ無1回、有1回）。情報を書き込んだポラロイド写真については、インフォーマントにみせながら、仏像名称などを復習する。ゾンカ語だけでは分かりにくいが、サンスクリットの表記も聞いておけば、ネット検索で仏像名称を和訳できる。その日の活動記録は全員が自主的に野帳に書き、輪番で研究室ブログLABLOG 2Gにアップした。

摩尼寺「奥の院」の岩陰と石仏群（檜尾恵作画）

民族建築再び——チベット仏教の調伏

ミクロネシアでの調査を研究人生の出発点とした浅川は、チベット仏教圏におけるフィールドワークを民族建築研究の仕上げにしたいと考えている。とくに土着のボン教と新興の仏教の関係を建築的に読み解こうとしている。

ヒマラヤの魔女と賽の神

　ヒマラヤ山脈周辺の大地を魔女が支配している。チベット、ブータン、ネパールなどの国々では古くから自然崇拝を重視する「ボン教」が信仰され、土地の隅々に精霊や女神が棲みついていると考えられてきた。後発の仏教はボン教を邪教とみなし、自然災害や不幸が生じると、ボン教の「魔女」や「妖怪」が原因であるとして、瞑想修法により、それらの悪霊を浄化し、「谷の守護神」として再生して仏教側にとりこんできた。この浄化の過程で有力な武具となったのが仏僧のファルスである。金剛杵に譬えられる大きな陽物によって魔女を骨抜きにし、跪かせてきたのである。ファルス信仰は日本でもさかんであり、たとえば摩尼山鷲ヶ峰の「賽の河原」にも巨大な道祖神（賽の神）の木彫が祀られている。幼くしてこの世を去った子どもたちが親を偲んで石を積む河原に鬼がやってきて石塔を壊しにかかるが、地蔵が鬼を追い祓い、ファルスが辺土を浄化するのである。浅川研究室では、その遺跡環境をドローン＋フォトスキャンで3D化し、地蔵堂とファルスを中心とする明治期の景観復原にいま取り組んでいる。

悪霊の調伏と黒壁の瞑想洞穴

　魔女などの悪霊を浄化・再生する行為を仏教では調伏（ちょうぶく）という。調伏は仏教の誕生から変遷・拡散のあらゆる過程で認められる。たとえば、摩尼山の本尊「帝釈天」やその部下の「四天王」も、もとはバラモンの武勇神であり、調伏によって仏教の護法尊に変化したも

第4次ブータン調査の調査道具一式

第4次ブータン調査の測量風景（ケラ尼寺、パロ地区）

屋根伏図の測量野帳（レモチェン寺、タン地区）

放射性炭素年代測定サンプル採取（ブンタン）

のである。ブータンの場合、すべての谷筋に特有の護法尊が存在し、仏教僧院本堂や民家仏間に祀られている。

そうした調伏のための瞑想は掛屋の壁を黒く塗る洞穴でおこなわれる。ブータンの瞑想洞穴ドラフには、白壁と黒壁の二種があり、白は「善」、黒は「悪」を象徴する。白壁ドラフは修行僧が悟りに近づく瞑想場であるのに対して、黒壁ドラフは「悪霊」調伏のための瞑想場となる。

こうした調伏の実態を理解するには僧院の縁起をヒアリングするしかなく、さらに民話にも多くの情報が含まれている。このヒアリング情報や民話情報は「歴史的事実」ではない。村人や僧侶が無意識に共有する歪曲した疑似歴史情報にすぎないが、その集団幻想のなかに、ブータン人の自然観や神観念が埋め込まれている。

歪められた認識の固まりこそが「文化」としての仏教建築の意味を説き明かす鍵を握っている。浅川研究室は、こうしたアプローチから、民族建築研究の到達点として、チベット系仏教の内実に迫ろうとしている。

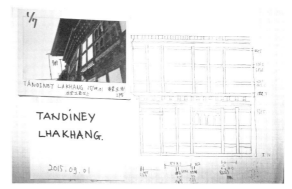

実測野帳・ポラロイド・ラベルの複写

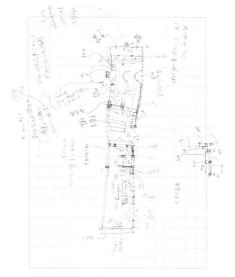

裏面（平面スケッチ）

表面

ブータン調査用の調書（日本国内の建造物調書を転用）

ブータンの民家の仏間に祀られた護法尊（ポラロイドによる撮影。左：ジョー神、右：チュンドゥ神）

column1

デザイン・サーベイというフィールドワーク

———— 法政大学 宮脇ゼミナール　宮脇　檀

活動期間：1966〜73年
主なフィールド：倉敷、琴平
研究室キーワード：デザイン・サーヴェイ、卒業論文、学生の居場所

デザイン・サーヴェイの上陸

　宮脇檀（1936〜98年）は、日本の建築界におけるデザイン・サーヴェイを語るうえで欠かせない存在である。しかし、宮脇とデザイン・サーヴェイとの出会いは、ほんの偶然だった。

　ある夜、ワシントン大学客員教授を終え帰国していた伊藤ていじと、当時『国際建築』の編集長をしていた宮内嘉久が、『国際建築』に掲載する記事の打合せをしていたところに、宮脇は偶然やって来た。

　そこで宮脇が目にしたものは、後に『国際建築』（1966年11月号）に掲載されることになる、オレゴン大学のR・アラン・スミス（建築学）とG・ラルフ・ファルコナーリャ（政治社会学）によるデザイン・サーヴェイの成果であった。

　このデザイン・サーヴェイは、オレゴン大学の実測調査の訓練を積んだ4人の精鋭学生と、日本文化に強い関心を持つスミス准教授からなる調査チームによって、石川県金沢市の幸町で行われたものであった。伊藤ていじはこの調査のコンダクターとして参加していた。

　この報告が掲載された『国際建築』（1966年11月号）の巻頭文である「デザイン・サーベイ方法論考」を書いたのは、伊藤ていじであった。このとき伊藤は、アメリカでは一般名詞として普通に使われていた「デザイン・サーベイ」という言葉をタイトルに用いた。

　これが、「デザイン・サーベイ」という言葉が日本の建築界で用いられた最初であり、これを機に「デザイン・サーベイ」は建築の新しい用語として拡散していった。

　そして、それ以降、デザイン・サーヴェイは、学生という爆発的な集中力とエネルギーを有する大学の研究室を中心に普及していった。

研究手法として

　宮脇はこの報告に強い関心を示した。

　1964年に法政大学工学部建築学科の非常勤講師となっていた宮脇は、ゼミ学生の卒業論文のテーマに頭を悩ませていた。

　そんなとき、金沢のデザイン・サーヴェイの成果を見てひらめき、卒業論文のテーマとして取り入れることを考えついた。

　以降、宮脇は、基本的に1年に1ヶ所のペースでデザイン・サーヴェイを行うフィールドを探し、ゼミ学生と共に集落に入っていった。

　調査を行うフィールドの選定方法は、まず美しく魅力的な集落をリストアップする。そして、そこから、交通の不便な地域、宿泊施設のない場所は、調査をしたくてもできないという理由で外していくというものであった。さらに、調査許可がもらえるかどうかも重要であるうえ、当然、調査費用といった経済的面も考慮された。

　調査地の持つ魅力は研究内容を左右する。しかし、実際はこのように現実的な条件を中心として選定されていった。

　調査地の選定基準としては、「知名度が高く、誰も手をつけていない」という点が重要視された。これは、その調査研究を世間に広く周知させ、オーソライズする点で有効だと考えたためである。

いくつかの候補地が挙げられたが、諸条件をかんがみた結果、最初の調査地として倉敷が選ばれた。

1966年夏の本調査、翌67年春の補足調査を経て、『国際建築』1967年3月号に報告が掲載された。

これを機に、デザイン・サーヴェイを行う。卒業論文を書く。外に向けて発表する。といったサイクルができ、この「雑誌に名前が掲載される」という特別感や優越感が、卒業論文を執筆する学生の目標となっていった。

デザイン・サーヴェイ導入の効果

デザイン・サーヴェイを行うことで、次第に、宮脇ゼミにはフィールドワークが好きな学生が集まるようになっていった。

車の運転が上手、高いところに上るのが得意、人懐っこいなど、机に向かっていることが苦手な学生であっても、それぞれが得意とする分野で能力を発揮した。

このように、フィールドワークは参加した学生全員に居場所ができることが良い点である。

さらに、同じ釜の飯を食った仲間として、結束が強まることも教育的に重要であった。

一方、学生からすると、古い町を巡る旅ができ、ゼミ合宿的側面もあり、みんなで図面を描くという達成感も得られるということで、宮脇ゼミは人気であった。

倉敷を皮切りに、1967年の馬籠、68年の萩、五箇山とフィールドを展開していったが、宮脇ゼミがデザイン・サーヴェイを行ったのは、ゼミ開設当初から8年間9ヶ所であった。

8年間という期間で止めてしまったのは、地元住民のプライバシー意識の変化などにより、調査がしにくくなったことも一因であった。

宮脇ゼミのデザイン・サーヴェイのなかでも、69年に行った琴平の調査は大きなウェイトを占めた。

琴平は、いわずもがな観光名所でもある金刀比羅宮の参道である。1300段を超す階段が境内へと続き、多くの観光客が行き交う。そのうえ、調査対象は土産物店を中心とした店舗と調査条件が悪い。

そこで、まずは調査環境作りとなる予備調査を行う。

予備調査は春に実施する。そこで町会や役所への主旨説明と許可取りを行い、許可が下りたところで宿舎を決め、夏の本調査に備える。

本調査では、3人1組となり平板測量により外部の全体図面を作成するところから始まる。

次に、アンケート用紙を携え、1軒1軒、挨拶かたがた家屋実測の説明を行い、了承を得る。

実測家屋では、2人1組で調査家屋に入る。基本のペースは、午前1軒、午後1軒。

実測が終わると宿に戻り図面を起こす。そして、それらを全体図面のなかに書き込んでいく。これを毎日繰り返した。

しかし、どのフィールドであっても、宮脇は仕事の都合上、調査開始時に大学院生や学部学生に指示を与えるだけで、東京に戻らなければならなかった。

デザイン・サーヴェイというフィールドワーク好きが集まった宮脇ゼミであっても、さすがに田舎であっては学生のモチベーションを保つのは容易ではない。

しかし、琴平のような観光地化している場所の場合は飲み屋があった。さらには、この飲み屋での女将や地元客との会話から、その土地ならではの情報を得ることもできた。

こういったことも、汗の滴る過酷な調査を乗り切ることができた大きな要因であった。

デザイン・サーヴェイから得たもの

「宮脇にとって、家と町のつながりを考えるうえでは、住み心地や間取りと同様、町の構成も大切であった。」「人間関係のつながりの大切さや、家と家、家と町とのつながりの重要性を宮脇とのデザイン・サーヴェイから学んだ。」

当時、宮脇ゼミの大学院生として参加した建築家の中山繁信はこう語る。

その後、宮脇は住宅地設計、住宅設計に多くの作品を残し、個人住宅の建築家としての地位を確立したが、若いときに夢中になったデザイン・サーヴェイで得た家と町のつながりの関係性が、設計活動における着想の一要因になっていたのではないだろうか。

(中山繁信氏へのインタビューをもとに構成)

column2

農村住宅の建築計画学的研究

―― 大阪市立大学 持田研究室　持田照夫

活動期間：1952 〜 2004 年
主なフィールド：茨城、群馬、新潟、対馬、福江島、鹿児島、椎葉
研究室キーワード：佇態論、農村住宅、悉皆調査、設計

農村住宅研究の契機

　持田照夫は農村住宅を建築計画学的に研究し続けている。持田はあえて「農村住宅」を使っているが、これは農村（ムラ）のなかの農家（イエ）であり、以後、出現するムラから切り離された独立した企業的な農家ではない、ということである。はじめは農家の土間や屋敷取りについてその形態の規則性やそれを形成させる内的な力を追求していた。これを『建築計画学 7 農家住宅』にまとめるが、床上空間に焦点を当てるのはその後である。その契機となったのは、農家の建設に関わり、都市的な設計理論は受け入れられないということが分かり、そして農家が自ら創るものは「四つ間取り（田の字型）」またはその系列の型の家であったことにある。なぜ「四つ間取り（田の字型）」がこのように頑固にその形をとどめようとするのか。ここに着目して「農家の四つ間取り」に焦点をしぼって研究を始めたという（持田照夫「日本農家の四つ間取りの研究」1980 年）。

　後に、「農村住宅の平面に関する研究――特に四つ間取りについて」で日本建築学会賞（論文）を受賞するが、そのコメントのなかで、研究の動機として、四つ間取りは、①全国的に広汎に分布していて、②設計者や生活改善指導者がつねにぶつかる対象であるが、③どのように扱ったらよいか、科学的に答えがまだ出ていないものであり、田の字は古い、不合理だといわれていても、それは何ら科学的根拠がなく、④四つ間取りができた時代は農家も農村も無秩序ではなかった、⑤このような整然さは何から来るのか、このような形を整えさせる力、田の字型を形作る力はどこにあ

るのかを探ること、⑥できたらそれを現実に適用して設計や住宅改善指導の指針を出すこと、と述べている。

研究の特徴かつ画期的な点

　この研究の画期的な点は以下である。

　1 つめは、四つ間取りの床上空間を図のように便宜上、A〜D とし、分析している点である。これは、それぞれの空間には呼び名がついているが、地域によって違うこと、また、たとえば A は家族の居間でもあるが接客も行われる、D は寝室でもあるが客間としても使用されるので、機能を示す名称はかえって混乱するからだ。したがって、A〜D といった符号の方が空間の性格がはっきりとつかめる、というのである。

　2 つめは、平面のみを捉えるのではなく、床や壁、天井の仕上げ、しつらえに着目した点である。たとえば、A と D は平面的に見ると 2 間続きであるが、しつらえや仕上げがまったく違うため続き間座敷とはいえない、というものである（後述参照）。

　もう 1 つは、当時の住宅研究が就寝や食事などの日常の生活行為がどこでどのように行われるかに着目していたところ、あえて非日常の行為に重きを置いた点である。そのため、建築計画学の考え方だけでなく、民俗学や社会学、人類学の考え方も踏襲したのである。

　さらに、当時の住宅研究の多くが間取りの分析にとどまっていたのに対して、生活空間全般、すなわち周囲の庭や倉、倉庫、仕事場、庭木、さらには田や畑なども総合的に捉えようとした点である。特に、儀礼や儀式などでは非日常だからこそ重要な意味が見えてくることがあるためである。

膨大な調査資料に基づく分析

　もう1つ特徴的な点に、資料の膨大さがあげられる。この四つ間取りの研究報告のため、茨城県八幡町で2000戸、小田で50戸、群馬で300戸、新潟で100戸、対馬で100戸以上に及ぶ農家の平面を調査、分析しており、分析結果はこの大量の調査資料に裏づけられている。1983年以降、持田研究室では全国各地でフィールドワークを実施しているが、そのほとんどの調査対象集落において農家を悉皆調査しており、研究スタイルとなっている。

儀礼尊重の四つ間取り田の字型

　A〜D空間のうち、家族用に使われているのはBでの食事・休息、Cでの就寝くらいで、Dでも就寝するが客用のものを転用しているにすぎず、起きれば客用の空間に戻る。このようにAとDは客用の空間でかつ表側にとられ、BとCは裏側にとられる。こうした四つ間取り（田の字型）の家は、儀礼・儀式や接客に重きが置かれ、家族の日常生活はあまり重んじられていない。特にA空間は、接客や儀礼を行うために用意されており、日常生活行為により変質することはない。なぜ農村住宅は儀礼や接客を優先した間取りになるのか。それは、そうせざるをえない理由があるのではないか。

　持田は、床上平面は住宅内における生産や家事といった生活行為によって決まるのではなく、家庭生活と儀礼生活の拮抗関係から生まれ、その拮抗のバランス上にAを優先させた四つ間取り田の字型が成立する、と見たのである。

A空間の探求

　A空間は、かつてどんな機能を持っていたのか。いくつかの事例によれば、A空間はヒロマが分割されてAとBになってきた。そして、その分割はB側からの要求で実現した。だとすればAの性格を最もよく表しているヒロマ型をもっと追求しなければならないとし、対馬での調査を実施する。

　盆行事を通して、それぞれのイエはムラのなかにあることを明らかにし、正月行事を通してイエは御館集団というムレのなかにあることを明らかにした。接客儀礼

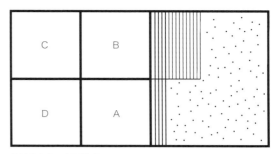

農村住宅内の空間構成

は社会的規制であり、ムラのなかで生きるなら逃れるわけにはいかないものであり、一番優先されたのである。

儀式における空間の意味

　儀式は、その行事全体により参加者は何事かを語り聞かされ、その物語の内容を暗黙のうちに理解する仕組みになっている。これは広い意味の「言葉」（ランゲージ）であるが、空間もしつらえや飾りつけによってランゲージ性を持ち、寄与する仕組みになっている、としている（持田照夫「日本農家の四つ間取りの研究の到達点と問題点」1978年）。

A空間とD空間は2間続きではない

　AとDの間の間仕切りは、薄く軽い障子や襖ではなく、厚く重たい帯戸でできており、上部も土小壁で仕切られている。これは、強く仕切ることのあらわれと考えられる。空間の構成も、Aは天井が高く、手斧はつりの曲げ梁をあらわしで使用しているのに対して、Dは棹縁天井でやさしくつくられている。さらに、Dの床は一般的にタタミだが、Aは板床が元の姿であるという。しかしながら、現在はタタミ敷きが多い。

　また、Aには神棚またはそれに代わる心のよりしろや供物台などが置かれているが、Dには置かれない。

　このようにAとDは明らかに違う機能を持っており、一般的にいわれているような2間続きとはいえない（持田、前掲、1980年）。

　持田は、各室の床や天井、壁、建具など、内部六面の仕様を細かく採取し、その仕様の違いだけ見ても、A〜Dにはグレーディングがあることを指摘し、さらに、日常・非日常の生活行為がどこで、どのように行われるかを見ることで、各空間の機能的役割や意味を明らかにした。

索　引

【事項索引】

あ

アーバン・ファサード ………………… 9
アクターネットワーク理論 ………… 77,79
浅川研究室 ……………………………… 6
アチック・ミューゼアム ………………… 8
厚い記述 ……………………………… 105
アトリエ・ワン ………………………… 76
アマ（海女・海士） …………………… 121
アンケート用紙 ………………………… 129
安藤研究室 ……………………………… 6
イーミック(emic) …………………… 121
筏住居 ………………………………… 123
生きている住まい …………………… 105
生きられた家 ………………………… 105
イスラーム ……………………………… 65
遺跡整備 ……………………………… 120
板倉 ………………………………… 53,58
一時的構造物 …………………………… 61
乾研究室 ………………………………… 6
イフガオ ……………………………… 107
異文化 ……………………………… 3-5,7
岩陰型仏堂 …………………………… 124
窟 ……………………………………… 124
インタビュー ……………………… 29,62,66
インタラクション ……………………… 28
インフォーマル ………………………… 62
ヴァナキュラー ………………… 6,44,112
ヴァナキュラー建築 …………………… 65
梅田スカイビル ………………………… 13
雲南省モソ人 ………………………… 121
映写ワークショップ型インタビュー調査 …
………………………………… 106,107
映像記録 …………………………… 105-107
エスノグラフィカル …………………… 79
エティック(etic) …………………… 121
家船 ………………………………… 121-123
円形住宅 ……………………………… 115
園林 …………………………………… 23
応急仮設住宅 …………………………… 58
近江環人 ………………………………… 67
オーストロネシア語族 ……………… 113

奥の院 ……………………………… 124,125
オレゴン大学 ………………………… 44,128

か

街区 ………………………… 61,62,64,66
解剖図 …………………………………… 53,54
家屋実測 ……………………………… 129
隔離就寝 ………………………………… 68
懸造 ………………………………… 124,125
架構形式 ………………………………… 61
架構図 …………………………………… 55
囲み型住宅 …………………………… 28,29,32
可視化 …………………………………… 29
華人 …………………………………… 65
画板 …………………………………… 16
茅葺き ………………………………… 52,53
カルスト地形 ………………………… 122
岩窟 …………………………………… 125
岩窟型仏堂 …………………………… 124
還元 …………………………………… 66
観察 ………………………………… 41,66
慣習家屋 …………………………… 106,111
乾燥地域 ………………………………… 21
カンポン ……………………………… 6,60-67
キクラデス …………………………… 45,50
儀式 ……………………………… 130,131
貴州省トン族 ………………………… 121
狐ヶ城の家 ……………………………… 41
教育 ……………………………… 62,64,66
教会 …………………………………… 17
共時的視点 ……………………………… 45
共通指標 ……………………………… 61,66
共同性 …………………………………… 45
京都駅 …………………………………… 13
京都CDL ………………………………… 67
京都大学 ……………………………… 120
共用施設 ……………………………… 61,66
居住文化 ……………………………… 3,4
儀礼 ……………………………… 112,130,131
記録 …………………………………… 66,67
均質空間 ………………………………… 13
近代 …………………………………… 104
近代建築 …………………………… 94-97,104

近代植民都市 …………………………… 65
近隣単位 ……………………………… 60,61
空間 ……………………………… 61-63,66
空間像 …………………………………… 29
九龍城 ………………………………… 34,35
矩計図 ………………………………… 54,56
久高島年中行事データベース …… 110,111
窟櫓 …………………………………… 124
倉 ……………………………………… 53
クライメイト・デザイン ……………… 21
グローバル ……………………………… 65
クロッキーブック ……………………… 112
群居 …………………………………… 67
計画学 …………………………………… 74
計画系 ………………………………… 104
景観 …………………………………… 28
景観復原 ……………………………… 126
系譜 …………………………………… 83
系譜図 …………………………………… 8
ゲル …………………………………… 36
研究室ブログLABLOG 2G …………… 125
言語年代学 …………………………… 121
検証 ………………………………… 66,67
『建築家なしの建築』 ……………… 9,21,76
建築計画 ………………………………… 60
建築考古学 …………………………… 120,121
建築人類学 …………………… 6,112,113,116
「建築の『ビヘイビオロロジー』」 ………… 77
建築の「ふるまい学」 ………………… 77
建築用途 ………………………………… 30
建築類型 …………………………… 86-88,92
原動力 ………………………………… 63,66
原風景 …………………………………… 32
行為 …………………………………… 61,63
公共住宅 ………………………………… 28
航空衛星写真 ………………………… 123
考現学 …………………… 8,34,35,77,120,125
神代研究室 ……………………………… 44
構成原理（構成メカニズム） ……… 61-63
構造 …………………………………… 61
構法 ………………………………… 52,53,104
高密度高複合 ………………………… 34,38
高密度都市研究 ………………………… 35

索　引　133

国際共同研究 …………………… 60
国際建築 ………………………… 9
穀倉 …………………………… 14
黒龍江省のツングース ………… 121
戸建住宅 ……………………… 28
古地図 ……………………… 86,87
個別計画 ……………………… 29
コミュニティ …………………… 66
コミュニティ・アーキテクト ……… 61,67
古民家 ………………………… 110
コモナリティーズ ……………… 77,78
小屋 …………………………… 53
混沌 …………………………… 34
コンパウンド …………………… 15
コンピュータグラフィックス ………
……………… 112,116,118,119
コンペイトウ …………………… 9,76

さ
サービス ……………………… 62
サイクル ……………………… 66
祭祀空間 …………………… 105,110
サイト・アンド・サービス ………… 65
『錯乱のニューヨーク』 …………… 9
作家論 ………………………… 40,41
里山 …………………………… 52,58
サバンナ ……………………… 14
サルベージ …………………… 104
産業界 ………………………… 28
三次元モデル ………………… 113
三色ボールペン ………………… 16
山地民 ………………………… 50
残余空間 ……………………… 29
市街地像 ……………………… 29
時間的変化 …………………… 61
敷地規模 ……………………… 61
資源循環 ……………………… 52,58
自己調整 ……………………… 28
自己批判的 …………………… 4
事実認識 ……………………… 32
システム ……………………… 61,67
死生観 ………………………… 107
施設分布 ……………………… 61,64,66
自然発生的 …………………… 34
悉皆調査 ……………………
…45,61,64,66,94-97,100,101,108,131

湿潤地域 ……………………… 21
実証的研究 …………………… 120
実践 …………………………… 66,67
実測 ……………… 22,26,45,54,86
質的研究 ……………………… 70
室内化 ………………………… 61,66
自文化中心主義 ………………… 3
自文化批判的 …………………… 4
自民族中心主義 ………………… 7
自明性 ………………………… 4
社会 …………………………… 61,63,66
社会活動 ……………………… 64
社会人類学 …………………… 106
尺寸 …………………………… 56
住居 ……………… 60,61,63-66
住居集合論 …………………… 6,13
住宅街区 ……………………… 29
住宅研究 ……………………… 68
住宅性能 ……………………… 68
住宅地計画 …………………… 29
集落 …………………………… 34,38
集落のフロッタージュ …………… 44,45
状況の最前線 …………………… 4
上座部仏教 …………………… 124
縄文集落復元整備 ……………… 121
照葉樹林文化論 ………………… 105
食寝分離 ……………………… 9,68,69
植物資源 ……………………… 116
陣内研究室 …………………… 6
人類学 ………………………… 10,116
水上居住 ……………………… 121
水上集落 ……………………… 122
水都学 ………………………… 86,87
水墨画 ………………………… 123
スケール ……………………… 64
スケール感覚 …………………… 26
スケッチ ……………………… 36,62-64
住まいの原型 ………………… 105
住み方 ………………… 60,65,66,68,69
住みごこち …………………… 69
住みごたえ …………………… 69
住みこなし …………………… 69,70
住み継ぎ ……………………… 69
住み手 ………………………… 60,61
スモール・グループ・ハウジング（SGH） … 29
スラバヤ・エコハウス …………… 67

寸法 …………………………… 53,54,56
寸法感覚 ……………………… 18
生活 …………………………… 60-64,66
生活行為 ……………………… 130,131
生活財 ………………………… 105,109
生活財生態学 ………………… 106,108
生活世界 ……………………… 62
生業 …………………………… 62
生産 …………………………… 83
生産技術 ……………………… 52,53
生産システム ………………… 104,105
精神世界 …………… 105-107,110,111
生態 …………………………… 65,67
生態学 ………………………… 76
成長の限界 …………………… 68
制度 …………………………… 83
世界 …………………………… 61,65,67
世界自然遺産 ………………… 122,123
世帯 …………………………… 61,63,64,66
石窟寺院 ……………………… 124
設計 …………………………… 13,18,40
セルフ・ビルド ………………… 65,67
先祖の空間 …………………… 114
せんだいメディアテーク ………… 34,35,40
僧院仏堂 ……………………… 125
相互作用 ……………………… 60,61
象設計集団 …………………… 45
祖先 …………………………… 113
祖先崇拝 ……………………… 107
外階段 ………………………… 46

た
大工道具 ……………………… 115
第3の住まい方 ………………… 67
タイポロジー …………………… 24,77
高田研究室 …………………… 6
凧写真 ………………………… 22
田の字型 ……………………… 130,131
ダプール（炊事場） …………… 61,62,66
多様性 ………………………… 60
単位 …………………………… 60,61,66
短時間調査 …………………… 14
蛋民 …………………………… 121
地域 …………………………… 61,65-67
地域研究 ……………………… 106
地域小集団の建築生産 ………… 105

地球環境 ···················· 95, 98
チベット(系)仏教 ············· 124-126
中間領域 ·························· 30
調査許可 ························· 113
調査シート ·················· 112, 114
調査者 ·························· 61, 67
調査対象 ·························· 66
調伏 ····························· 126
直感 ······························ 67
通過する者 ························ 14
塚本研究室 ························· 6
土壁 ······························ 14
続き間(型)住宅 ················· 28, 32
ティポロジア ······················ 6
データベース ············· 106, 110, 111
デザイン・サーヴェイ ·············
················ 6, 7, 9, 40, 104, 128, 129
「デザイン・サーヴェイ方法論考」 ······ 9
デジタル化 ······················ 110
テリトーリオ ·················· 86, 87
『デリリアス・ニューヨーク』 ········ 76
伝統家屋 ························· 111
伝統技術 ························· 104
伝統的民家 ······················ 113
伝統文化 ························· 28
伝統料理 ························· 36
伝播ルート ······················ 124
洞窟僧院 ························· 125
統計 ·························· 61, 62
洞穴僧院 ························· 125
洞察力 ···························· 41
東南アジア研究所 ·················· 65
透明性 ···························· 38
都市 ·············· 34, 35, 38, 64-66
都市環境文化資源 ·············· 94, 95
都市居住 ·························· 29
都市空間 ······················ 86-88
都市構造 ·························· 86
都市住宅 ·························· 9
都市組織 ····· 61-64, 66, 67, 86, 87, 92
都市村落 ·························· 60
土蔵 ····························· 53
鳥取環境大学 ····················· 121
トラジャ ·························· 21
ドローン ···················· 125, 126

な

なかなか遺産 ·················· 94, 95
中庭 ·························· 29, 30
奈良国立文化財研究所 ·············· 120
日常 ·························· 62, 64
日記 ····························· 64
日式住宅 ·························· 72
人間居住 ·························· 65
認識人類学 ·············· 120, 121, 125
認知環境 ························· 123
熱帯地域 ························· 118
農村 ····························· 64

は

ハイパーコンプレックス ············· 34
バイルママーア ···················· 23
ハウジング ·············· 60, 61, 65-69
ハウジング・システム論 ············· 69
白茅会 ···························· 8
パターン ······················ 61, 66
畑研究室 ··························· 6
8ミリ魚眼レンズ ··················· 38
発掘調査 ························· 120
発見 ························ 62, 66, 67
発見的手法(方法) ·········· 34, 35, 41
発展途上国 ······················ 60
服部研究室 ························· 6
ハビタット ························ 65
原研究室 ··························· 6
パラダイム ······················ 104
原邸 ····························· 13
ハレの世界 ·············· 107, 110, 111
半透明空間 ·················· 6, 34, 38
ハンドドローイング ················· 81
ヒアリング ······················ 125
東日本大震災 ····················· 58
非日常 ······················ 130, 131
漂海民 ·························· 122
表現 ····························· 67
標準化 ··························· 28
標準建築 ························· 32
標準設計(51C型) ················· 68
ヒロマ型 ························· 131
ヒンドゥー ······················· 65
ピンナップ ······················ 81

フィールド ···· 60, 62, 64, 66, 67, 128, 129
フィールドデータ ·················· 118
フィールドノート ·········· 36, 114, 116, 119
フィールドワーク ···················
········ 34, 36, 40, 41, 94, 98, 104, 118, 129, 131
フィールドワーク的現在 ··············· 5
フィナルイ ······················ 106
風土 ····························· 26
フォトスキャン ···················· 126
俯瞰 ····························· 16
復元整備 ························· 120
不測の事態 ······················ 67
ブックレット ···················· 77, 81
復興住宅 ························· 58
物質文化 ························· 120
仏堂 ····························· 124
不動産台帳 ··················· 86, 87
布野研究室 ························· 6
普遍化 ··························· 66
古谷研究室 ························· 6
ふるまい学 ······················ 78
プロセス ······················ 61, 66
プロトタイプ ·············· 60, 61, 66, 67
文化 ····························· 64
文化人類学 ·······················
······ 4, 6, 76, 104, 106, 112, 116, 120
文化相対主義 ······················ 3
文化的景観 ··················· 121, 122
文化の背景 ······················ 116
平行配置 ························· 29
ベースマップ ·················· 64, 66
ペット・アーキテクチャー ············ 76
部屋数 ··························· 61
変容 ·························· 61, 66
法政大学 ························· 128
歩測 ····························· 16
穂積研究室 ······················ 44
洞穴 ························ 124, 127
ポラロイドカメラ ·················· 125
ボントック ··················· 106, 107
ボン教 ··························· 126

ま

マダン ··························· 38
マド ····························· 35
間戸 ·························· 35, 40

窓 ········ 34,35	木匠塾 ········ 67	ルマ・ススン(集合住宅) ········ 67
窓学 ········ 6,80	木造 ········ 52	礼堂 ········ 124
窓のコーストライン ········ 82	木造建築物 ········ 118	礼拝窟 ········ 125
摩尼寺 ········ 124	木造民家 ········ 112,114	レーザー距離計・方位計 ········ 122,125
摩尼寺「奥の院」遺跡 ········ 124	目測 ········ 16	レールウェイマーケット ········ 37
水場 ········ 61,62	モジュール ········ 56	歴史 ········ 61,65
密教系霊山 ········ 124	ものづくり ········ 83	歴史考古学 ········ 120

や

ヤオトン ········ 22,35

八木研究室 ········ 6

連続立面 ········ 66

路地 ········ 30

見張所 ········ 61,66
民家 ········ 52,53,56
民家研究 ········ 104,110
民具学 ········ 8
民族衣装 ········ 36
民俗学 ········ 8,104,120
民族学 ········ 4,6,104,120
民俗建築 ········ 110
民族建築 ········ 120,121,126
民族建築学 ········ 6,65
民俗建築画像データベース ········ 110
民俗語彙 ········ 120
民族考古学 ········ 120
民族誌 ········ 120
民泊 ········ 45,46
村松研究室 ········ 6
瞑想 ········ 124-126
瞑想洞穴 ········ 125,126
メイド・イン・トーキョー ········ 76
メガシティ ········ 6,94,95,98,100
メカニズム ········ 35,38
メディアテーク ········ 34

屋台 ········ 62
野帳 ········ 39
屋根裏 ········ 113
ヤマトインターナショナル ········ 13
ヤミ ········ 105
吉武研究室 ········ 60
四つ間取り ········ 130,131

ら

ライフヒストリー ········ 125
『ラスベガス』 ········ 9,76
ランガー ········ 61,66
離散型集落 ········ 13
量から質の時代 ········ 29
臨機応変 ········ 67
臨床の知 ········ 3,4
ルアン・タム(居間・客間) ········ 62,66
類型化 ········ 61

わ

ワ ········ 105-109

英文・略語

CG ········ 123
Design with Climate ········ 21
GIS ········ 98
GPS ········ 122,125
JICA ········ 65
mAAN ········ 94,95,100
NGO ········ 65
OTCA(現JICA) ········ 20
RT・RM ········ 61
SD ········ 9,50
SD法 ········ 30
U研究室 ········ 44,45
ZIG HOUSE / ZAG HOUSE ········ 41

【人名索引】

あ

アレグザンダー、C ········ 65
磯村英一 ········ 65
伊藤ていじ ········ 9,128
稲垣栄三 ········ 112
ヴェンチューリ、R ········ 9,76
内田祥哉 ········ 52,69,112
エンジェル、S ········ 65
応地利明 ········ 65
太田邦夫 ········ 65
オルゲイ、V ········ 21

か

貝島桃代 ········ 76
川島宙次 ········ 52
神代雄一郎 ········ 9
コールハース、R ········ 9,76
今和次郎 ········ 8,76,120

さ

坂本一成 ········ 76
佐藤浩司 ········ 6
下総薫 ········ 69
シラス、ヨハン ········ 65,67
スカルパ、C ········ 40,41
鈴木成文 ········ 68,69

鈴木恂 ········ 44,48
須藤健一 ········ 120
スミス、R・A ········ 128
清家清 ········ 21

た

ターナー、J・F・C ········ 69
高谷好一 ········ 65
巽和夫 ········ 68
田中文男 ········ 53
千原大五郎 ········ 65
茶谷正洋 ········ 21

な

中山繁信 ········ 129

西川幸治 ······················· 65
西山夘三 ······················ 8, 68
能作文徳 ························ 80

は

ハブラーケン、N・J ··············· 68
原広司 ························ 60, 76
パワ、J ························· 81
ファルコナーリァ、G・R ··············· 128

ま

ミース・ファン・デル・ローエ、L ······· 12, 13
宮本常一 ······················ 8, 120
宮脇檀 ·························· 7
持田照夫 ························ 7

や

八代克彦 ······················ 22

柳田國男 ························ 8
吉阪隆正 ······················ 44, 45
吉武泰水 ······················ 68

ら

ル・コルビュジエ ·················· 12, 13
ルドフスキー、B ············· 9, 21, 44, 76

【地名索引】

あ

アーメダバード ···················· 23
アジア ············ 34, 94-96, 98, 100
アルジェリア ······················ 12
イエメン ························· 18
イタリア ························· 35
イラン ························ 16-18
インド ························· 22
インドネシア ············ 21, 60, 105, 112
内モンゴル ······················ 105
雲南省 ··················· 106, 108, 109
エキン村 ························ 118
沖縄 ··············· 105, 107, 110, 111
オランダ ························ 65

か

ガーナ ·························· 15
金沢 ··························· 128
ガルダイヤ ······················· 12
韓国 ························· 38, 105
カンボジア ······················· 121
北アフリカ ······················· 24
ギリシャ ······················ 44-46
久高島 ·················· 107, 110, 111
倉敷 ··························· 129
ケワール村 ······················ 117
江南 ··························· 120
コートジボワール ··················· 15
五箇山 ·························· 129
琴平 ··························· 129

さ

サントリーニ ················ 47, 49, 50

渋谷 ························· 24, 25
シバーム ························· 18
シベリア ························· 121
ジャカルタ ······················· 113
自由が丘 ························· 23
シリア ····················· 21, 24, 25
スラバヤ ··················· 60, 65, 67
スンバ島 ························· 116
ソロモン諸島 ····················· 24

た

タイ ········ 34, 36, 37, 45, 50, 51, 121
大澳 ··························· 35
台湾 ························· 39, 105
チチカカ ························· 18
地中海 ·························· 12
チベット ························· 126
中国 ······················ 35, 37, 120
東南アジア ····················· 60, 65
ドゥブロヴニク ····················· 13
トラック諸島 ····················· 120
トンレサップ湖 ···················· 121

な

西アフリカ ······················· 14
西インド ························ 124
日本 ······················ 64, 65, 67
ネパール ························ 126

は

萩 ···························· 129
ハノイ ·························· 82
パプアニューギニア ·················· 21
ハロン湾 ····················· 122, 123
バンコク ························· 35

東トルキスタン ···················· 124
飛騨古川 ························· 83
ヒマラヤ ························ 126
フィリピン ·············· 105, 106, 114
ブータン ····················· 124-126
ブルージュ ······················· 82
ブルキナファソ ···················· 15
フローレス島 ····················· 115
ベトナム ························ 121
ペルー ·························· 18
香港 ······················· 34-37, 39

ま

マカオ ························ 22, 23
馬籠 ··························· 129
マテーラ ························· 35
摩尼山 ·························· 126
マレーシア ······················· 121
ミクロネシア ················· 120, 126
ミコノス ··················· 46, 48-50
ミャンマー ··················· 121, 124
メキシコ ························· 19
メヒカルティタン ··················· 19
モンゴル ······················ 36, 37

ら

ラオス ·························· 124
ルーマニア ······················· 17
ロサンゼルス ······················ 25

わ

ワレボ村 ························ 115
ワンカ村 ························ 115

執筆者紹介（執筆順）

清水郁郎 ［しみず いくろう］
芝浦工業大学建築学部教授
芝浦工大の畑研究室でフィールドワークの面白さを知り、国立民族学博物館の佐藤浩司からフィールドワークの哲学を叩き込まれる。近年は、タイとラオスで古民家を利用したエコミュージアムの創設や、バンコク・クロントイスラムの居住環境の改善などに取り組む。

北原玲子 ［きたはら れいこ］
カリフォルニア大学バークレー校東アジア研究所日本研究センター客員研究員
東京大学の大月敏雄研究室にてフィールドワークの心得を学ぶ。アメリカで学んだ社会学のエスノグラフィーを応用しながら、欧米やアジアのエスニックタウンと公共賃貸住宅を対象として、多文化共生の住環境デザインに取り組んでいる。

Shakya Lata ［サキャ ラタ］
立命館大学衣笠総合研究機構歴史都市防災研究所プロジェクト研究員
京都大学の高田研究室でフィールドワークによる空間と生活文化、そして、その基盤にある社会システムの解明手法を学ぶ。近年は、ネパールの震災後の復興計画に関わる居住環境の変化と共用空間を活かしたコミュニティの対応・防災まちづくりなどに取り組む。

本間健太郎 ［ほんま けんたろう］
東京大学生産技術研究所准教授
東大の生産技術研究所にて藤井明に師事し、藤井が原広司と作り上げてきた集落調査のスタイルと哲学を学ぶ。東南アジアや西アフリカを調査する一方、ビッグデータを用いた地域分析という「フィールドを訪れないフィールドワーク（?）」も行う。

那須　聖 ［なす さとし］
東京工業大学環境・社会理工学院准教授（2025年1月逝去）
東工大の茶谷正洋および八木幸二のもとでフィールドワークや構法、建築意匠など分野を横断した思考と、それに基づいた設計への姿勢を学ぶ。近年は多様な主体が関わる環境デザインの方法論の研究とその実践に取り組んでいる。

鈴木雅之 ［すずき まさゆき］
千葉大学大学院国際学術研究院教授
千葉大の服部研究室、服部主宰のコンサルタント会社で長年、住宅や住宅地を調査・研究し、現在はNPOちば地域再生リサーチでともに団地再生を実践する。近年は、地方圏の地域づくり、地方創生にも取り組む。

稲垣淳哉 ［いながき じゅんや］
早稲田大学芸術学校准教授、Eureka共同主宰
早稲田大学の古谷研究室で半透明空間研究をテーマにアジア各国のフィールドワークを行う。近年は、東・東南アジアでの居住空間調査をもとにした集合住宅「Dragon Court Village」などを国内で実践。現在は、国内からタイまでにフィールドを拡げ、居住空間の設計に取り組む。

濱定史 ［はま さだし］
山形大学工学部准教授
筑波大学で安藤邦廣に師事し、民家研究と設計の教えを受ける。近年は東北地方を中心に伝統的な木造構法の研究と改修設計を行っている。

山田協太 ［やまだ きょうた］
筑波大学芸術系准教授
京都大学で布野修司に師事。鳥取環境大学で浅川滋男の指導の下で文化財調査に従事。コロンボ（スリランカ）を観測定点に南アジア・インド洋世界の地域居住環境史の記述と地域居住環境デザインの実践を行う。

前田昌弘 ［まえだ まさひろ］
京都大学大学院人間・環境学研究科准教授
京大の布野研究室でスリランカの津波被災地のフィールドと出会い、その後、京都大学高田研究室で住まい・コミュニティの観点から災害後の再定住地の研究として発展させる。国内の住まい・まちづくりから海外の災害復興・コミュニティ再生支援まで幅広く活動中。

稲益祐太 ［いなます ゆうた］
東海大学建築都市学部准教授
陣内秀信に師事し、法政大学陣内研究室でのフィールドワークを通して、「都市を読む」手法を学ぶ。南イタリアのプーリア州とアマルフィ海岸でフィールドワークを行い、テリトーリオ（地域・領域）の空間史としての都市史研究に取り組む。

林憲吾 ［はやし けんご］
東京大学生産技術研究所准教授
東大の藤森照信研究室にて、当時助手だった村松伸に出会い、アジアに足を踏み入れる。インドネシア研究の先達である布野修司、佐藤浩司には多大なる影響を受ける。東南アジアを専らフィールドにしてきたが、近年ではオマーンで建築保全にも取り組む。

谷川竜一 ［たにがわ りゅういち］
金沢大学新学術創成研究機構准教授
テーマは日本の植民地帝国建設・解体と建造物の関係解明。近年は対象を拡大し、冷戦期の東・東南アジアを研究している。東京大学の藤森照信・村松伸研究室で、興味あることを自由に研究する楽しさを学んだ。

三村　豊 ［みむら ゆたか］
総合地球環境学研究所外来研究員
東京大学の村松伸とは師弟関係。2003年、インドネシア・メダン近代建築悉皆調査に参加してフィールドワークを学ぶ。近年は、高知県の大豊町で住民・アーティスト・研究者の三者が協働して、リサーチ＆アート（民謡づくり）の取り組みを行っている。

栗原伸治 ［くりはら しんじ］

日本大学生物資源科学部教授
東京工業大学の茶谷正洋と八木幸二、国立民族学博物館の佐
藤浩司に師事し、東京大学の村松伸、奈良国立文化財研究所
時代の浅川滋男には連携・協働を通して指導を受け、学習院女
子大学の乾尚彦からも多大な影響を受けてきた。近年は、ア
ジアの居住文化・居住環境とともに、シノワズリの空間表象・
認識などの研究にも取り組む。

上北恭史 ［うえきた やすふみ］

筑波大学芸術系教授
筑波大学大学院世界遺産専攻で遺産整備計画を担当する。イ
ンドネシアの木造集落の保存のために国立民族学博物館の佐
藤浩司と共同で研究を行っている。また芝浦工業大学の清水
郁郎とともにタイの木造集落のフィールドワークに携わって
いるほか、ウクライナに残る木造教会堂の保存の研究にも取
り組んでいる。

清水拓生 ［しみず たくお］

大田市教育委員会教育部石見銀山課主任
学部から大学院修士課程・学科職員として鳥取環境大学の浅
川研究室に所属。琴浦町河本家住宅の調査研究で重文指定に
貢献。倉吉・平田の町並み調査担当。海外では山西・麦積山・敦
煌・新疆・福建で仏教遺産の調査に参加。現在は、世界遺産「石
見銀山」の重伝建地区で文化財建造物の保存修理に従事。

宮本正崇 ［みやもと まさたか］

mts一級建築士事務所代表
学部生および学科職員として鳥取環境大学の浅川研究室に所
属。湯梨浜町尾崎家住宅の調査研究で重文指定に貢献。作品
に下之郷史跡公園(守山市)環濠保護・調査施設など。海外では
ミャンマー・ブータンの洞穴／洞窟僧院の調査に参加。現在
も、登録記念物「摩尼山」(鳥取市)の整備事業に携わる。

岡垣頼和 ［おかがき よりかず］

鳥取市教育委員会事務局文化財課主任(建築技師)
学部から大学院修士課程で鳥取環境大学の浅川研究室に所
属。安土城総見寺本堂の復元、摩尼寺「奥の院」遺跡の発掘と
復元、纒向遺跡大型建物群の復元など、おもに建築考古学的
研究に従事。海外ではハロン湾の文化的景観、麦積山・敦煌・
山西・ブータンなどの仏教遺産調査に参加。

内海佐和子 ［うつみ さわこ］

静岡県立大学経営情報学部教授
昭和女子大学の友田博通研究室在籍時、ベトナムのホイアン
での住まい方調査や景観観察でフィールドワークに出会い、
病みつきになる。近年のフィールドワークはベトナム北部農
村のドンラム村における住まい方調査。ホイアンの景観観察
は26年目となった。

岡田知子 ［おかだ ともこ］

西日本工業大学名誉教授
大阪市立大学の富樫穎研究室で農村をフィールドにした研究
に着手。同講座の持田照夫からも大きな影響を受ける。中国
少数民族の住居および集落調査によりフィールドワークの面
白さに目覚める。共同体の紐帯となる集落内に明示的に存在
するモノに関心がある。

建築フィールドワークの系譜
——先駆的研究室の方法論を探る

2018 年 12 月 25 日　初版第 1 刷発行
2025 年 3 月 1 日　初版第 3 刷発行

編　　者　日本建築学会
発 行 者　杉 田 啓 三

〒 607-8494　京都市山科区日ノ岡堤谷町 3-1
発行所　株式会社　昭和堂
振替口座　01060-5-9347
TEL（075）502-7500／FAX（075）502-7501
ホームページ　http://www.showado-kyoto.jp

© 日本建築学会 2018　　　　　　　　印刷　モリモト印刷

ISBN978-4-8122-1731-3
＊乱丁・落丁本はお取り替えいたします。
Printed in Japan

本書のコピー、スキャン、デジタル化等の無断複製は著作権法上での例外を
除き禁じられています。本書を代行業者等の第三者に依頼してスキャンやデ
ジタル化することは、たとえ個人や家庭内での利用でも著作権法違反です。

昭和堂

世界都市史事典
布野修司 編 ································ 定価 22,000円

建築学のすすめ
traverse編集委員会 編 ···················· 定価 2,970円

世界住居誌
布野修司 編 ································ 定価 3,300円

アジア都市建築史
布野修司 編 ································ 定価 3,300円

ヨーロッパ建築史
西田雅嗣 編 ································ 定価 2,640円

近代建築史
石田潤一郎・中川理 編 ···················· 定価 2,640円

日本建築史
藤田勝也・古賀秀策 編 ···················· 定価 2,640円

日本風景史 ヴィジョンをめぐる技法
田路貴浩・齋藤潮・山口敬太 編 ·············· 定価 4,510円

京のまちなみ史 平安京への道 京都のあゆみ
丸山俊明 著 ································ 定価 2,530円

多民族〈共住〉のダイナミズム マレーシアの社会開発と生活空間
宇高雄志 著 ································ 定価 6,600円

（表示価格は税込）